Balinesisch kochen

Rose Marie Donhauser

◆

Balinesisch kochen

Gerichte und ihre Geschichte

Herausgegeben von

Jacob Blume

◆

Verlag Die Werkstatt · Edition d i á

Die Autorin
Rose Marie Donhauser, Kochbuchautorin, Foodjournalistin, Köchin und Restauranttesterin, lebt auf Bali und in Berlin.

Der Herausgeber
Jacob Blume arbeitet seit seinem Universitätsabschluss als Herausgeber, Lektor und Autor in Berlin für verschiedene Verlage. Unter anderem verfasste er diverse Kochbücher und solche zur Kulturgeschichte des Bieres und – konsequenterweise – des Klos.

Bibliografische Information der Deutschen Bibliothek
Die Deutsche Bibliothek verzeichnet diese Publikation in der Deutschen Nationalbibliografie; detaillierte bibliografische Daten sind im Internet über www.dnb.ddb.de abrufbar.

Lotzestraße 24a, D-37083 Göttingen
www.werkstatt-verlag.de
Dieses Buch erscheint in der Reihe
»Gerichte und ihre Geschichte«
der Edition diá (www.editiondia.de)

Titelfoto und Fotos im Innenteil: soweit nicht anders angegeben, Rose Marie Donhauser
Satz und Gestaltung: Verlag Die Werkstatt, Göttingen
Druck und Bindung: Westermann Druck, Zwickau

ISBN 978-3-89533-606-5

Inhalt

Einführung ins Paradies

Ein Paradies ist der Ort, der all das anbietet, dessen man als Mensch für Seele und Körper bedarf. Es kann nur interessierten Kreisen wie den Vertretern der Religion zur Definition der eigenen Existenzberechtigung zu verdanken sein, dass die Menschheit davon ausgeht, es sei ein Phänomen längst vergangener Tage – oder aber in den Niederungen dieser Welt unerreichbar. Das Paradies wurde in der Menschheitsgeschichte zu einem Ort der Sehnsucht gemacht, in den man nur durch die Erfüllung der Bedingungen der selbst ernannten Paradieswächter Eintritt findet.

Halleluja. Jeder, der Bali kennt, weiß es besser: Das Paradies hat es schon immer gegeben und gibt es immer noch.

»Insel der Götter«

Bali, die »Insel der Götter«, bietet auf knapp 5600 Quadratkilometern Fläche alles, um gut und autark zu leben. Bali ist nicht nur geprägt durch die paradiesische Vielfalt seiner Landschaft: Vulkane, Seen, klare Flüsse und tiefe Schluchten, lange Strände und grünblaues Meer, nicht nur durch Flora und Fauna in seiner üppigsten Entfaltung – die Terrassen von Jatiluwih im Landesinneren zählen zu den wohl schönsten der Welt und machen ihrem Namen alle Ehre, denn übersetzt heißt *jatiluwih* nichts anderes als »wahrlich wunderbar«. Was Bali ausmacht, ist das Gefühl, hier ein Paradies der Ruhe und einen Ort gefunden zu haben, an dem man zu sich selber finden kann.

Und das Paradies hat viele Facetten: Man kann sich in einsame Buchten zurückziehen und tagelang keinen Menschen sehen oder sich in Kuta ins lärmende Getümmel stürzen, kann buddhistische Tempel aufsuchen und meditieren oder sich in einem der unzähligen Fünf-Sterne-Hoteltempel verwöhnen lassen.

Mopeds schlängeln sich durch die Straßen, hinter dem Fahrer sitzt meist seine Frau mit einem »Opferturm« auf dem Kopf – Opfergaben aus Speisen, Früchten und Blumen, wahre Kunstwerke mit symbolischer Bedeutung, deren Zubereitung oft Tage in Anspruch nimmt – und zwischen ihnen oft noch ein Kleinkind. Alle sind festlich gekleidet und grüßen lächelnd auf ihrem Weg zum nächsten Tempelfest, von denen immer irgendwo irgendeines stattfindet und Gelegenheit bietet, den Göttern zu huldigen.

Natürlich hat der Tourismus auf Bali auch negative Einflüsse, aber im Prinzip hält sich der »Massentourist« nur in begrenzten Strandgebieten auf. Individualreisende, Aussteiger, naturverbundene, kulturell interessierte, esoterische und sinnsuchende Menschen gehen andere Wege. Sicherlich gibt es nur noch wenige Geheimtipps, aber jeder, der Bali wirklich kennenlernen und verstehen will, findet seinen persönlichen Weg.

Der Ursprung der Entschleunigung

Man kann mit balinesischen Männern über deren Kampfhähne fachsimpeln, Straßenverkäufer in Gespräche verwickeln oder sich von Kindern ein balinesisches Spiel erklären lassen. Und wenn der Taxifahrer an einer Kurve hupt, weiß man, dass er sich den Göttern der Straße ehrerbietig zeigt. Überall, wo man auf Menschen trifft, kann man deren Freundlichkeit genießen und das allgegenwärtige Lächeln auf ihren Gesichtern – die Entschleunigung des Lebens hat wohl auf dieser Insel ihren Ursprung. Der faszinierende Charme und die Offenheit der Balinesen berühren Seele und Herz.

Um Bali zu verstehen, muss man sich einlassen, Zeit, Ruhe, Bedächtigkeit und Sympathie mitbringen. Wertschätzung und Toleranz werden ebenso ehrlich erwidert, wie man sie den Menschen Balis entgegenbringt.

Im Mittelpunkt des Lebens im Paradies steht die Religion. Die überwiegend hinduistische Insel im muslimischen Indonesien weist mehr Tempel als Häuser auf. Grundsätzlich besitzt jede Familie einen Tempel, jedes Dorf mindestens drei, ja, jedes Reisfeld und jeder Marktplatz wird von einem eigenen Tempel beschützt. Für die Besucher ist das Universum der Götter und Dämonen, die Bali regieren, fast nicht überschaubar. Der Hintergrund aber ist einfach: Es ist der Glaube an die Reinkarnation. Nach Auffassung der Balinesen hat jeder, der sich im Leben »gut« verhält und seine vorgeschriebenen Opfer bringt, die besten Aussichten, als Mensch in diese Welt zurückzukehren.

Göttliche Gaben

Für jede Lebenslage, jede Situation und jedes Anliegen existiert ein Gott. Der Hindu-Dharma-Glaube sieht deshalb alle Balinesen ständig im Kontakt mit ihnen, die Götter sind nicht wegzudenken aus ihrem Leben. Und sie revanchieren sich reichlich mit göttlichen Gaben: mit Schlangenfrüchten – auch die Schlange ist essenzieller Bestandteil des Paradieses –, Guaven, Fingerbananen, Papayas, Rambutan, Mangos und Ananas am Straßenrand, frisch vom Baum gepflückt; mit gebratenem *Tempeh* (Sojabohnenkuchen), Saté mit Sambals, *Nasi campur* (gebratener Reis mit verschiedensten Zutaten) oder *Lemper* (würziger Reis im Bananenblatt, Seite 143), beim Straßenverkäufer erhandelt. Auf den Märkten kann man sich beraten lassen und dabei in einen Pulk von Händlern geraten, an jedem Stand Chili-Erdnüsse, *Mie bakso* (Nudelsuppe mit Fleischklößchen, Seite 86) oder *Kerupuk udang* (Krabbenchips, Seite 111) naschen, kann an den kleinen Tischen mit Plastiktischdecke *Gado-gado* (Gemüsesalat in Erdnusssauce, Seite 103) oder *Rujak buah* (würzigen Frucht-und-Gemüse-Salat, Seite 106) bestellen. So ein *Warung*, ein Imbiss, ist eine wahre Kontaktbörse, um mit Balinesen ins Gespräch zu kommen. Dazu trinkt man frisches Kokoswasser *(Air kelapa muda)* und zum Desinfizieren meist einen Reiswein *(Brem)* und/oder einen Reisschnaps *(Arak)*. Das Paradies hat viel zu bieten.

Während ich dies schreibe, sitze ich mitten auf Bali, nicht weit von der Künstlerstadt Ubud, dem historischen Zentrum der Insel, entfernt. Meine »Hütte« liegt wie hingegossen an einem Reisfeldhang. Von meiner Veranda blicke ich auf die Reisterrassen, Schmetterlinge führen einen Tanz auf, die Luft ist mit Blumenduft durchtränkt, intensiver Kaffeegeruch von den Kaffeesträuchern vermischt sich mit dem von Zimtrinden.

Das Paradies? Ja. Aber eigentlich viel zu kitschig, um wahr zu sein.

Rose Marie Donhauser

Die Geschichte Balis

Nimmt man sich die Zeit, in der balinesischen Historie zu stöbern, zum Beispiel in der Bibliothek der alten Hauptstadt Singaraja im Norden der Insel, erkennt man schnell, dass das Paradies, wie nicht anders zu erwarten, ein sehr irdisches Phänomen mit einer ebensolchen Geschichte ist. Diese wird seit Jahrtausenden überwiegend von der Stadt Ubud und ihrer Umgebung geprägt. In der Bronzezeit lag hier gewissermaßen der Ausgangspunkt aller Besiedlung und Kultur – abzulesen an der großen Anzahl archäologischer Funde wie etwa der vielen Steinsarkophage.

Die Menschen in der Umgebung von Ubud lebten von einem sehr differenzierten System des Reisanbaus, sie hielten Vieh und pflegten ausgeprägte Techniken der Holz- und Steinbearbeitung sowie der Metallverarbeitung. Auch viele der Tänze, Dramen, Puppenspiele und anderen Rituale, die das heutige kulturelle Leben auf Bali prägen, entstammen diesem Ort und dieser Zeit. Ein Paradies bedarf in vielerlei Hinsicht keiner Entwicklung.

Der »Mond von Pejeng«

Der berühmteste Fund aus dem Altertum ist der etwa 2000 Jahre alte »Mond von Pejeng« (im Pura Penataran Sasih), der größte in einem Stück gegossene Bronzegong der Welt. Der Legende nach handelt es sich um einen abgestürzten Mond: Früher standen statt der zwölf Monde, einer für jeden Monat des Jahres, 13 am Himmel. Eines Nachts stürzte ein Mond herab, blieb an einem Baum hängen und erleuchtete, sehr zum Ärger der Diebe, die Nächte taghell. Um weiterhin ungestört auf Beutezug gehen zu können, entschloss sich der Wagemutigste der Bande, das Licht zu löschen, indem er auf den Mond Wasser ließ. Darauf zersprang dieser, erschlug den Frevler und stürzte in Form des Bronzegongs von Pejeng zu Boden.

Indische, islamische und javanische Einflüsse

Kein Paradies, an dessen Tor nicht schon immer um Einlass gebeten worden wäre. Die erste große Einwanderungswelle erreichte wohl im Jahr 2500 vor Christus die Insel. Austronesisch sprechende Stämme wie die Altmalayen trafen hier auf eine jungsteinzeitliche Ackerbau- und Töpferkultur aus Tonkin, die Bali Mula, die über die Landbrücke Thailand, Malaysia, Sumatra und Java gekommen waren.

Um die Zeitenwende begann sich der indische Einfluss zu verstärken. Indische und arabische Kaufleute brachten außer dem Hinduismus und dem Islam auch Handelswaren und neue Gewürze wie Ingwer, Kardamom und Kurkuma mit. Während Indien Bali kulinarisch und kulturell prägte, dominierten die Chinesen den Handel. So wurden auf den Inseln chinesische Münzen verwendet; balinesische wie auch javanische Königshäuser haben nie eigene Münzen geprägt. Aus dieser Zeit stammen auch die ersten Spuren des Buddhismus und Zeugnisse einer vorhinduistischen Naturreligion, deren Nachfahren sich *Bali Aga* nennen. Der aus dem Sanskrit stammende Begriff bedeutet in etwa »ursprüngliches Bali«, und noch heute existiert hier ein Dorf, Tenganan, in dem sich diese Kultur durch strikte Abschottung über Jahrhunderte hinweg bewahrt hat.

Im 10. Jahrhundert etablierte sich die Warmadewa-Dynastie in der Gegend von Pejeng bei Ubud. In ihrer Ägide verbreiteten sich der Buddhismus und der javanische Einfluss auf Bali. So kam es etwa zu der berühmten Heirat von Udayana, einem Abkömmling der Warmadewa-Dynastie, mit der javanischen Prinzessin Mahendradatta. Und Letztere begründete einen Mythos und einen Tanz, der heute unter Touristen als der beliebteste gilt: den Barong.

Schwarze Magie und ein Fabelwesen

König Udayana will später herausgefunden haben, dass seine Ehefrau Mahendradatta schwarze Magie praktizierte, und verbannte sie in den Urwald. Fortan wagte es niemand, ihre Tochter, die von umwerfender Schönheit war, zu heiraten, so sehr fürchtete man Mahendradatta und ihre Zauberei. Seit damals rächt sich die Königin für die Verbannung und verbreitet als Hexe Rangda überall im Land böse Krankheiten. Den Kampf zwischen den guten Kräften, versinnbildlicht in Barong, und den bösen, der Hexe Rangda, veranschaulicht der balinesische Barong-Tanz. Der Barong ist ein mystisches Fabelwesen, halb zotteliger Hund, halb Löwe, das von zwei fantasievoll kostümierten Männern dargestellt wird, die es mit rhythmischen Bewegungen zum Leben erwecken.

Der Sohn aus dieser balinesisch-javanischen Verbindung, Erlangga, ist der bekannteste javanische König, auch weil es ihm gelang, nicht nur Java und Bali militärisch zu einem Königreich zu vereinigen, sondern beide auch kulturell zu verknüpfen.

Im Laufe der Jahrhunderte wurde Bali vollkommen von Java abhängig. Ab 1400 nahm der islamische Einfluss auf Java zu, was in der Folge auch zu der besonderen Entwicklung Balis innerhalb Indonesiens führte. Denn viele Angehörige der Elite siedelten, um der Islamisierung zu entgehen, aus Java um. Das Königreich Gelgel auf Bali erlebte durch die Zuwanderung dieser Elite einen erheblichen Aufschwung, und was folgte, nennt die Geschichtsschreibung das »Goldene Zeitalter« Balis.

Und so konnte sich, obwohl 1786 das letzte auf Java existierende hinduistische Reich unterging, auf Bali der hinduistische Glaube gegenüber dem Vormarsch des Islam in Indonesien behaupten – bis in unsere Zeit.

Das Kastensystem

Auch das noch heute existierende Kastensystem Balis geht auf diese Zeit zurück. Es unterscheidet vier Kasten:

▷ die *Brahmanas* (Kaste der Priester)

▷ die *Satryas* (Kaste der Krieger)

▷ die *Wesyas* (Kaste der Vasallen des Hofes – der balinesische Adel)

▷ die *Sudras* (die niedere Kaste, etwa 95 Prozent der gesamten Bevölkerung).

Heute ist die Wirtschaftskraft des balinesischen Adels gegenüber der der Sudras stark zurückgegangen. Dennoch mangelt es selbst einem reichen Sudra niemals an Respekt gegenüber einem Noblen, selbst wenn dieser gezwungen sein sollte, auf einem der Reisfelder zu arbeiten – was immer häufiger der Fall ist.

Das balinesische System der Namensgebung zeigt verschlüsselt die Zuordnung zu einer bestimmten Kaste und zugleich die Geburtenreihenfolge innerhalb einer Familie an.

Die Holländer

Die Europäer, die sich ja schon seit Jahrhunderten weltweit auf der Suche nach dem Paradies befanden, allerdings aus eher materialistischen Erwägungen, hielten sich auch auf Bali nicht zurück. Ab 1846 unternahmen die Holländer erste Versuche, die Insel zu annektieren. Sie nutzten dazu die unterschiedliche Auffassung über die Bergungsrechte an gestrandeten (holländischen) Schiffen. Das traditionelle balinesische Recht, das *Tawang Kerang*, sah vor, dass sämtliche Besitztümer eines gestrandeten Schiffes straflos geplündert werden durften. Die Holländer sahen das anders.

Es kam, wie es kommen musste – oder, aus der Sicht der Holländer, kommen sollte –, zu militärischen Auseinandersetzungen. 1855 wurde schließlich ein holländischer Resident in Singaraja eingesetzt.

Die Puputans von 1906 und 1908

Im Jahre 1904 nutzten die Holländer das so erfolgreich angewandte Verfahren, den Krieg ins Paradies zu tragen, erneut: diesmal, um weiter in den Süden Balis vorzudringen, auf den sie bis dahin noch keinen Einfluss hatten. Als sie am 20. September 1906 auf die Hauptstadt Badung, das heutige Denpasar, vorrückten, um den dort herrschenden Fürsten, den *Raja* Gede Ngurah, festzunehmen, reagierte dieser mit dem Befehl, einen Puputan auszuführen. Er ließ in seinem Palast Feuer legen und marschierte mit dem gesamten Hofstaat und über 300 Gefolgsleuten den holländischen Truppen entgegen.

Die Prozession muss ein beeindruckendes Bild geboten haben: Die weiß gekleideten Männer, zurechtgemacht wie Verstorbene bei Totenfeiern, waren nur mit traditionellen Schwertern und Speeren bewaffnet. Die Frauen trugen offenes Haar und ebenfalls weiße Gewänder. Der in einer Sänfte getragene *Raja* ließ an der Stelle, die heute als Puputan-Platz bekannt ist, stoppen – nur wenige Meter vor den schwer bewaffneten Holländern.

Plötzlich stieß einer der Priester dem *Raja* ein Messer ins Herz – und seine männlichen Gefolgsleute begannen sich selbst zu töten. Die Frauen provozierten die holländischen Soldaten, indem sie ihnen Geld und Schmuck ins Gesicht warfen, und versuchten sie dazu zu bewegen, sie zu töten. Durchaus erfolgreich: Wie auch sonst hätte man sich als zivilisierter Mitteleuropäer gegen Geld und Schmuck werfende »Wilde« wehren sollen?

Einem Bericht zufolge löste sich in diesem Chaos eine Salve von Schüssen, »aus unbekannter Richtung«, und die Holländer begannen auf Männer, Frauen und Kinder »zurückzuschießen«. Die Szenerie wiederholte sich im nahen Pemacutan. Offiziell starben an diesem Tag 450 Balinesen. Ein Augenzeuge berichtete jedoch von weitaus mehr Opfern.

1908 sollte es in Klungkung zu einem erneuten Puputan kommen, bei dem etwa 300 Menschen ums Leben kamen. Und nichts anderes ist ein Puputan: ein kollektiver Selbstmord als letzter Ausweg. Denn die Option, sich zu ergeben, war im Paradies nicht vorgesehen.

Die ersten Touristen

1913 hatte Holland ganz Bali unter seine Kontrolle gebracht. Auch wenn das Gefühl für das, was die Menschenrechte festlegen, zu jener Zeit alles andere als ausgeprägt war, hatten die Geschehnisse von 1906 und 1908 das Ansehen Hollands schwer beschädigt. Selbst aus Amsterdam gelangten Forderungen an die Kolonialverwaltung, die balinesische Kultur in Zukunft besser zu schützen.

Auch aus wirtschaftlichem Interesse, im Hinblick auf den aufkommenden Tourismus, versuchte Holland das Bild der Insel in Europa neu zu entwerfen. Bali wurde zum friedlichen Paradies, zur »verzauberten Insel« mit einem »einfachen Volk von Eingeborenen«, das eine »in ihrer Redlichkeit bezaubernde Hingabe zur Religion« an den Tag legte. Auch eine sexuelle Konnotation spielte dabei eine Rolle, was ebenfalls bis heute nachwirkt. Natürlich mussten die ersten Touristen viel Zeit mitbringen, allein die Reise dauerte mehrere Wochen, und nur wenige konnten sich die Überfahrt leisten.

Gleichzeitig formte Holland, wie es jede Kolonialmacht tut, die balinesische Gesellschaft nach eigenen, europäischen Vorstellungen um. Für die Niederländer waren dies Maßnahmen zur Aufrechterhaltung von Recht, Ordnung und Frieden, für die Balinesen bedeuteten sie mehrheitlich Chaos, Verarmung und Leid.

Die japanische Besatzung und der endgültige europäische Rückzug

1942, während des Zweiten Weltkriegs, besetzten die Japaner Bali und vertrieben die Holländer. Die Insel diente ihnen als Basis für ihre Luftoperationen. Gegen die balinesische Aristokratie ging Japan weit weniger brutal vor als im

Rest Indonesiens, wo es praktisch die gesamte Führungsschicht exekutierte.

Aber so leicht ließen die Europäer sich nicht aus dem Paradies vertreiben. Nach der Kapitulation Japans und dem Ende des Krieges erklärten Sukarno und andere die Unabhängigkeit Indonesiens. Doch herrschte darüber keinesfalls Einigkeit: *Rajas* stritten miteinander, ob sie sich eher der von Sukarno in Jakarta ausgerufenen Republik anschließen oder proholländisch bleiben sollten. Als die Holländer 1946 erneut von Bali Besitz ergriffen, waren ihre treuesten Anhänger im alten Adel zu finden. Die Vertreter der jüngeren Generation standen mehrheitlich aufseiten der Republik.

Holland versuchte die Situation durch die Gründung einer Partei zu entspannen, der *Negara Indonesia Timor* (NIT), die von den Republikanern *Negara Ikut Tuan* (Folge dem Herrn) genannt wurde. Deren Ziel war es, einen ostindonesischen Staatenverband unter holländischer Führung einzurichten.

Diese Strategie funktionierte nur bedingt, und die Holländer sahen sich gezwungen, gegen die republikanischen Kräfte in ganz Indonesien »Polizeiaktionen« zu starten, indem sie Städte bombardierten. Großbritannien und die USA distanzierten sich von Holland, lernten aber offenbar von diesem Vorgehen. Auch die Sowjetunion unterstützte die Republik.

Die Zeiten hatten sich geändert. Holland wurde durch internationalen Druck zu Verhandlungen gezwungen und übergab 1949 offiziell die Souveränität in die Hände der Republikaner. Auch die auf Bali herrschenden Königshäuser verloren hierbei einen Großteil ihrer politischen Macht.

Unabhängigkeit unter Sukarno

Sukarno, Sohn eines javanischen Vaters und einer balinesischen Mutter, wurde Präsident der Republik Indonesien. Er versuchte eine indonesische Kultur zu entwickeln, die das gesamte Land vereinen sollte. Bali spielte dabei als »Ursprung« eine Sonderrolle, auch wegen des dort herrschenden Hinduismus, der allerdings innerhalb der neuen Republik seinen Status als Weltreligion, neben Islam und Christentum, erst beweisen musste. Denn laut Verfassung musste eine Religion nun ein schriftliches Regelwerk und den Glauben an »einen Gott« nachweisen können, um vom Staat anerkannt zu werden.

Ein inszenierter Putsch und seine Folgen

Nachdem die Sozialistische Partei PSI 1956 die Wahlen gewonnen hatte, wusste Sukarno sich nicht anders zu helfen, als die Partei zu verbieten. Viele wechselten zur kommunistischen Alternative, der PKI, deren zentrale und berechtigte Forderung die nach einer Bodenreform war. Die PKI rief die Bauern dazu auf, ihrem Recht selbst Geltung zu verschaffen und sich gegen die Grundbesitzer zur Wehr zu setzen, die noch die Vorteile der kolonialen Vergangenheit genossen.

Also musste etwas geschehen: Den als gescheiterten Putschversuch dargestellten Tod von fünf Generälen am 30. September 1965 nutzte das rechte Lager um General Suharto, um einerseits gegen die PKI vorzugehen und andererseits Sukarno zu entmachten.

Die Propaganda lief auf Hochtouren, um die Bewohner des Paradieses gegeneinander aufzubringen: Es wurde verbreitet, die Generäle seien von kommunistischen Frauen getötet und in Stücke zerhackt worden. Für die gläubigen Muslime Javas war das besonders frevelhaft, weil so deren Seelen nicht ins Paradies aufsteigen konnten.

Es begann der größte Massenmord der indonesischen Geschichte. Auf Bali soll das Töten besonders fanatisch gewesen sein: Mehr als 100.000 Menschen starben, die Friedhöfe boten nicht genügend Platz. Bis heute ist zweifelhaft, ob es tatsächlich einen Putschversuch gegeben und wer diesen inszeniert hat.

Der neue mächtige Mann, Suharto, konzentrierte sich vor allem auf die javanische Kultur, aber auch er erkannte die Sonderstellung Balis an. Er förderte den Fremdenverkehr, und so stieg die Zahl der Touristen jährlich: In den achtziger und neunziger Jahren lag sie bereits bei 400.000 pro Jahr. Der Tourismus wurde zu einem immer lukrativeren Geschäft, von dem auch der korrupte Suharto-Clan profitieren konnte.

Das Paradies bleibt unwiderstehlich

Einen Einbruch erlebte der Massentourismus durch die Bombenanschläge vom 12. Oktober 2002 auf den Sari Club in Kuta. Die Islamistengruppe *Jemmah Islamiyah* tötete dabei 202 Menschen. Zwei Jahre später wurde eine Gedenkstätte für die Opfer mit einer hinduistischen Zeremonie eingeweiht.

Aber die Welt vergisst schnell, und das Paradies ist letztlich unwiderstehlich. Bereits 2004 erreichten die Besucherzahlen mit 4,4 Millionen eine neue Rekordmarke. Auch der Sari Club existiert wieder und ist gut besucht.

Bali gehört seit 1949 zur Republik Indonesien und ist eine der über 18.000 Inseln, die den größten Archipel der Welt bilden. Die Insel ist weltweit so bekannt, dass mitunter das Missverständnis aufkommt, sie wäre ein eigener Staat.

Warum gerade Bali Ende der sechziger Jahre von der indonesischen Regierung zum »Paradies für den internationalen Tourismus« ausgerufen und als »Insel der Götter« neu erfunden wurde, hat also eine lange Tradition. Wer auch immer der »Erfinder« dieses Images war, es bedurfte keiner großen Fantasie: Die Insel mit ihrer unglaublichen Schönheit ist ein Paradies.

Land und Leute

Flora und Fauna

Die Insellandschaft prägen üppige grüne Täler, mit Palmen bewachsene Sandstrände, einige Restbestände tropischer Monsunwälder und tropische Nebelwälder. Auf der südlichen Halbinsel trifft man auf Feuchtsavannen, Flüsse und Täler und auf vorgelagerte Korallenbänke mit ausgedehnten Korallenriffen, im Südosten und Westen Balis auf Mangrovenwälder. Nahe den Vulkanen erstrecken sich vegetationslose Lavalandschaften, die der angrenzenden Landwirtschaft viel fruchtbaren schwarzen Boden zur Verfügung stellen.

Tropische Blütenbäume wie Frangipani, Hibiskus, Bougainvillea, Pandanus-, Lontar- oder Schraubenpalmen sind allgegenwärtig. Das gleich bleibend heiße Tropenklima mit hoher Luftfeuchtigkeit bietet auch der Tierwelt ideale Bedingungen. Zwar soll der Bali-Tiger zuletzt 1930 gesichtet worden sein, aber Affen, speziell Makaken und Grauaffen, Leguane, Geckos und Schlangen fühlen sich hier wohl – auch außerhalb der für sie vorgesehenen Reservate.

Geografisches

Die Ost-West-Achse Balis bildet eine Gebirgskette mit Vulkanen, wie überhaupt die gesamte Inselfläche zu knapp drei Vierteln aus Vulkanen besteht, von denen der Gunung Agung mit 3142 Metern der höchste ist. Die Balinesen halten den Großen Berg für das Zentrum der Welt und den Sitz der Götter. Und die können dem Menschen durchaus übel mitspielen: Der letzte Ausbruch des Gunung Agung im März 1963 forderte über 2000 Menschenleben.

Weiter westlich schließt der zehn Kilometer breite Krater des Batur-Massivs an, mit einem See und einem Randkegel, dem Gunung Abung mit 2153 Metern.

Ursache für die ausgeprägten vulkanischen Aktivitäten auf Bali ist die Lage der Insel: Quer unter ihr verlaufen zwei Kontinentalplatten, die Sunda- oder Australische Platte und die Sahul- oder Eurasische Platte. Da sich diese aufeinander zubewegen, entstehen Risse in der Erdkruste, aus denen Magma nach oben dringt. Die Vulkane Agung und Batur gehören zum sogenannten Feuerring um den Pazifik. Viele balinesische Mythen haben hier ihren Ursprung.

Bevölkerung

Auf Bali leben heute 3.330.000 Menschen, von denen über 90 Prozent Hindus sind. Bali ist die einzige hinduistische Insel Indonesiens und stellt gleichzeitig die größte Gemeinschaft von Hindus außerhalb Indiens und Nepals dar. Die balinesische Form des Hinduismus, die Hindu-Dharma-Religion, betont die enge Beziehung von beidem: Leben ist Religion, und Religion ist Leben. Feste und religiöse Riten sind Bestandteil des Lebens von der Geburt bis zum Tod – und über diesen hinaus.

Die Religion ordnet das Leben, sie ist die Grundlage des Zusammenhalts von Familie und Dorfgemeinschaft. Das geht so weit, dass die Blumenschälchen zu Ehren der Götter auch für den Gott des Fernsehers, den der Registrierkasse und den des Swimmingpools aufgestellt werden. Nicht das Individuum steht im Vordergrund, sondern die Bedürfnisse der Allgemeinheit, geregelt durch das überlieferte *adat. Adat,* die Tradition oder Sitte, ist ein sehr differenziertes Gewohnheitsrecht, das viele Bereiche im Leben eines Balinesen regelt, ihn sozugsagen beherrscht und das sowohl im öffentlichen als auch im privaten Bereich gilt.

Glaube, Religion und Nahrung

Der balinesische Haupttempel Pura Besakih liegt auf dem Vulkan Gunung Agung und ist Sanghyang Widi, dem Höchsten Licht, geweiht. Es wird nicht als oberste Gottheit angesehen, sondern als Summe aller göttlichen Kräfte, in der sowohl die balinesischen Gottheiten als auch die vergöttlichten Ahnen und Naturkräfte miteinander verschmelzen.

Um die Götter zu besänftigen, werden Opfer gebracht, vor allem in Form von Nahrung. Jeden Morgen huldigt der Balinese einer ganzen Anzahl von Göttern, die er als bedeutsam empfindet, und opfert ihnen in einem Bananenblattschächtelchen Reis, Tee und Räucherstäbchen. Ebenso gedenkt er seiner verstorbenen Ahnen, muss er doch die Balance zwischen den dämonischen und den göttlichen Kräften respektieren und wahren. Der Geist eines verstorbenen Ahnen lebt mit ihm wie ein Familienmitglied. Ereignen sich Schicksalsschläge in seinem Leben, kann das an einem unglücklichen Ahnen liegen, der seine Aufmerksamkeit benötigt hätte. Mit seinen symbolischen Opfergaben versucht der Nachkomme dessen Geist friedlich zu stimmen.

Tempel für Vishnu, Brahma und Shiva

Jedes balinesische Dorf hat drei Haupttempel. Der Tempel des Ursprungs *(Pura Puseh)* ist Vishnu geweiht und dient der Verehrung des Dorfgründers. Er befindet sich immer an dem dem Berg zugewandten Teil des Dorfes. Der Dorftempel *(Pura Desa)* in der Ortsmitte ist Brahma gewidmet und wird für Zeremonien genutzt, die dem Leben huldigen. Der Shiva geweihte Temple des Todes *(Pura Dalem)* steht an der Seite des Dorfes, die in Richtung Meer liegt, und wird zur Verehrung der Götter des Todes genutzt. Zudem besitzt jede Familie einen Haustempel.

Gut und Böse müssen laut balinesischer Lebensauffassung immer ausgeglichen sein. Durch schwarze Magie kann ein Mensch verzaubert, verflucht oder krank gemacht werden, die weiße Magie kann den Zauber aufheben. Um Rangda, die Oberste der Hexen und Dämonen, zu besiegen, werden Medizinmänner zurate gezogen. Diese helfen, das Gleichgewicht wiederherzustellen, da der menschliche Körper aus nichts anderem besteht als den fünf Elementen der gesamten Schöpfung: Wasser *(apa)*, Feuer *(tejo)*, Wind *(baju)*, Himmel *(akasa)* und Erde *(pritiwi)*.

Das Gleichgewicht im Universum

Nach balinesischer Vorstellung ist im Universum alles wohlgeordnet. Jedes Licht hat seinen Schatten, und erst beides zusammengenommen ergibt das Gleichgewicht: Himmel und Erde, Sonne und Mond, Gut und Böse, Leben und Tod, Götter und Dämonen, Rein und Unrein. Erst das Zusammenwirken dieser Gegensätze ermöglicht jegliche Existenz. Das ist der Grund, warum die Balinesen beiden gleichermaßen Bedeutung schenken. Die negativen Kräfte sollen nicht eliminiert, sondern in Bahnen gelenkt werden, denn Harmonie kann nur durch die Ausgeglichenheit der gegensätzlichen Kräfte erzielt werden.

Die Götter wohnen auf den Bergen, die Dämonen in der Unterwelt. Die Menschen hingegen leben in der Mittleren Welt, die die Götter ihnen geliehen haben. Das Individuum besitzt die gleiche Ordnungsstruktur: Die Oberwelt ist im Kopf, die Mittelwelt im Rumpf und die Unterwelt in den Füßen.

Die wichtigsten Götter

Shiva ist der am meisten verehrte Hindu-Gott, denn durch Zerstörung schafft er die Voraussetzung dafür, dass Neues entstehen kann.

Fast in jedem Tempel findet man den dreigeteilten *Sanggan-Kemulan*-Schrein, in dem die Dreieinigkeit *(trimurti)* verehrt wird. Brahma nimmt dabei den rechten Platz ein, Vishnu den linken, und Shiva ist der mittlere Platz zugeteilt.

Religion und Nahrung

Auch in der alltäglichen Zubereitung von Speisen spielt die Religion eine große Rolle. Selbst wenn es sich nur um gedämpften Reis handelt, wird ein Korb mit den fertigen Speisen auf einem Bananenblatt zu den diversen Hausschreinen gebracht und den Göttern angeboten, bevor die Familie zu essen beginnt. Ein wenig wird auch auf den Boden gegeben, um die dämonischen Kräfte zu befrieden, die dort wohnen.

Reiskuchen (Seite 172) in den unterschiedlichsten Formen und Farben für bestimmte zeremonielle Gaben finden sich auf den größten Märkten in speziellen Verkaufsständen, die sich meist dadurch auszeichnen, dass sie überquellen in allen Farben des Regenbogens. Die Kuchen sind integraler Bestandteil religiöser Riten. In ihrer einfachsten Form ähneln sie kleinen Körbchen, die mit Früchten und Blumen geschmückt und immer mit drei Ingredienzien zum Betelkauen ausgestattet sind: dem Betelpfefferblatt, der Nuss und einer Limone als Symbol für die Hindu-Dreiheit Brahma, Vishnu und Shiva. Die Betelnuss als ein Symbol der Ehrerweisung ist eine der essenziellen Opfergaben religiöser Zeremonien.

Früher wurden, wie in anderen Teilen Indonesiens, auf Bali auch Gäste mit einer Betelnuss willkommen geheißen. Im *Nitisastra* genannten Lehrbuch heißt es: »Unser Mund ist stumm ohne eine Betelnuss.« Das gemeinsame Kauen der Nuss bildet seit Jahrhunderten ein wichtiges Mittel zur Herstellung zwischenmenschlicher Harmonie. Die zerkleinerte Nuss wird dabei mit verschiedenen Pflanzenextrakten, Tabak und Kalk in ein Pfefferblatt gewickelt und dem Gast gereicht. Die beim Kauen frei werdenden Alkaloide sollen den Geist erfrischen und für eine entspannte Stimmung unter den Anwesenden sorgen.

Gesegnete Opfertürme

Extrem – und wie anders ist das Paradies als extrem – sind die zum Teil monumentalen Opfertürme *(banten tegeh)* aus Blumen, Früchten, Fleisch, Eiern, Kuchen, die mit Bambusstöcken auf einem zentralen Stamm zusammengehalten werden. In manchen Dörfern und zu bestimmten Gelegenheiten können sie einige Meter hoch sein. Normalerweise werden sie zu Hause angefertigt, und Frauen transportieren sie auf ihrem Kopf zum Tempel, damit sie dort vom diensthabenden *pemangku* gesegnet und mit heiligem Wasser bespritzt werden. Nach einer kurzen Weile, in der den Göttern die Möglichkeit gegeben wird, sie zu akzeptieren, werden sie wieder nach Hause getragen und mit Leidenschaft verspeist. Für diese Opfer werden immer die schönsten und wohlschmeckendsten Kuchen zurückgehalten.

Zu speziellen Anlässen werden auch Kuchen aus gefärbtem Reis in großen Bambus- oder Rattanrahmen zu Bildern zusammengesetzt. Die dargestellten religiösen Szenen sollen das Universum oder die Geburt der Erde repräsentieren.

Auch bevor die Balinesen etwas trinken, ob nun Reiswein, Brandy, Tee oder Kaffee, wird immer ein Schluck auf den Boden verspritzt, als Gabe an Götter und Dämonen.

Essgewohnheiten

Die balinesische Küche ist bäuerlich geprägt. Schriftliche Zeugnisse über Hintergründe und Entstehung ihrer Esskultur existieren so gut wie nicht. Die umfangreiche Literatur der gebildeten Aristokratie liefert keinerlei Hinweise auf Essgewohnheiten. Die Prinzen und Helden haben zwar getrunken, gekämpft, geliebt, um Geld gespielt, gebetet, meditiert und sogar gefastet, das Essen aber blieb eine unerwähnte Selbstverständlichkeit. Eigenartig ist dies vor allem angesichts der Tatsache, dass überall, an Straßenkreuzungen, Flüssen und auf großen Bäumen, Göttern und Geistern Opfer gebracht werden, die zumeist aus Lebensmitteln und zubereiteten Speisen bestehen, somit der Nahrung ein hoher Stellenwert eingeräumt wird.

Gegessen wird nebenbei

Die meisten Balinesen aber räumen dem Essen keinen großen Platz in ihrem Leben sein: Sie essen nebenbei zu Hause, auf der Straße, am Strand. Früh am Morgen wird der Reis vorbereitet und in einer zugedeckten Schüssel in den Speisenschrank gestellt, zur freien Verfügung, für wen und wann auch immer. So ist das Essen meist kalt, wenn der Reis später – zusammen mit ein wenig (ebenfalls kaltem) Gemüse, ein paar Stücken Fisch oder Huhn oder mit einer scharfen Sambalsauce (Seite 57 ff.) – zu sich genommen wird. Aber er ist dennoch schmackhaft, denn es gibt Hunderte von Möglichkeiten, das tägliche Reisgericht zu würzen.

Was manchmal in mühevoller Arbeit vorbereitet wurde, wird oft im nächsten Moment nebenbei verschlungen. Das gesellige Beisammensein spielt keine Rolle.

Das Frühstück besteht nicht selten aus einem Stehimbiss, bei dem man rasch ein paar Reiskuchen verzehrt, die die Hausfrau vom Marktbesuch mitgebracht hat.

Das Mittagessen wird von den Frauen des Haushalts jeden Morgen frisch zubereitet. Oft nimmt der Hausherr seine Mahlzeiten als Erster ein, in eine Ecke des Gehöfts gekauert. Ein beliebter Snack zwischendurch ist beispielsweise *Rujak buah*, ein Fruchtsalat aus unreifen Früchten, angerichtet mit einer für europäische Zungen recht ungewohnten Sauce aus Chili, Palmzucker und Shrimp-Paste, abgeschmeckt mit Limone und Salz (Seite 106).

Das Abendessen setzt sich meist aus den Überresten des Mittagessens zusammen. Dazu werden ein Tofu-Omelett (Seite 166) oder gebratene Nudeln gereicht, die die Chinesen in der indonesischen Küche etablierten.

Die Balinesen essen im Alltag sehr wenig Fleisch und beziehen ihren Proteinbedarf überwiegend aus Sojaprodukten wie Bohnen oder auch Tahu, das wir Tofu nennen und das meist gebraten und ebenfalls mit Reis zu sich genommen wird.

Niemand auf Bali lebt weit entfernt vom Meer, und so wird für die notwendige Proteinzufuhr auch Fisch genutzt, wobei man eigentlich eine weit stärkere Nutzung erwarten würde. Oft sind es kleine, nur zehn Zentimeter lange Fische, die im Ganzen verspeist werden.

Reis: die Grundlage von allem

Eine Entsprechung zur europäischen Hauptmahlzeit kennt der Balinese nicht. Sein Essen besteht aus Reis und allerlei dazu, und das verteilt über den ganzen Tag. Der Reis ist gewissermaßen die Grundlage von allem. Und das ist durchaus auch wörtlich zu verstehen, denn er wird als Speisenträger genutzt, indem er von Hand mit der entsprechenden Sauce oder dem Gemüse zusammengerollt und verspeist wird. Dafür gibt es die unterschiedlichsten Techniken, die alle eines gemeinsam haben: Selten bedarf es eines Tellers, manchmal eines Bananenblattes, und immer wird die rechte Hand benutzt, und zwar mit Daumen, Zeige- und Mittelfinger. So bleibt die linke Hand sauber, um ein Glas Wasser oder gut gekühlten balinesischen Wein zum Mund zu führen. Zudem gilt die linke Hand als unrein.

Das kann nur funktionieren, wenn beim Zubereiten klebriger Reis und nicht der in Europa übliche fein- oder langkörnige Reis benutzt wird. Die auf dem Tisch stehende Schüssel mit Wasser und Limettenscheiben zum Händesäubern verhindert größere Flecken auf Hemd oder Hose.

Die Balinesen sind geradezu zwanghafte »Zwischendurch-Esser«, und deswegen findet man überall auf der Insel kleine Imbisse, die Reiskuchen, Erdnüsse, Nudeln, Suppen und Früchte anbieten. Diese Speisen sind gesundes Fastfood, frisch zubereitet, und das in kürzester Zeit: Am Strand frische Mangos, dann ein paar Bissen Kokosnuss, einige Zitronengrasstängel mit gegrilltem Fisch-Saté (Seite 123) im Vorbeigehen; zum Mittagessen Hühnerbrühe mit Gemüse, und viel frische Papaya zum Dessert; hier und da ein paar Erdnüsse, eine Pomelo, einige Stücke Klebreis mit Palmzucker und am Straßenrand noch einen Teller mit gebratenem Reis; frisch gepresste Mango- und Ananassäfte und zum Abendessen den *catch of the day* – und alles ist gut.

Wie riecht Freude?

I Made, ein balinesischer Reisbauer, zeigt auf seiner Handfläche zwei Reiskörner – Reissamen mit Schalen. Er lacht dabei, seine drei Zahnstummel ragen ins Freie und verkünden stolz: »Seht her, wir sind noch übrig und fähig, die klein geschnittenen Speisen zu kauen.« Dicke Furchen auf der Stirn des kleinen Mannes sehen aus wie sonnengebräunte Straßen, die von der immerwährenden Arbeit auf den Feldern zeugen. Sanft gestikulierend und mit englischen Schlagwörtern im balinesischen Singsang erklärt er, dass die beiden Samenkörner zum Ziehen einer Reispflanze nötig sind. Sobald das

Pflänzchen zum Baby gedeiht, kommt es in den großen (Kinder-)Reisgarten.

I Made watet durch das mit Wasser getränkte Reisfeld und zeigt freudestrahlend seine reifen Pflanzen. Eine reich behangene Rispe ergibt die Ernte von einer Handvoll Reiskörner. Er perlt die Rispen einer Pflanze auf seine Handfläche und riecht daran. Reis riecht nach Freude und Freude nach Reis.

Auf Bali arbeiten nach wie vor die meisten Menschen (59 Prozent) in der Landwirtschaft, allem voran im Reisanbau. Dieser bestimmt den Jahres- und Lebensrhythmus der Dorfgemeinschaften.

Urs Ramseyer: Nassreisbau auf Bali

Das Öffnen der Erde

In dem ostbalinesischen Dorf Sidemen beginnt der Reisbauzyklus mit einem Opferritual für das Berieselungswasser – wie in anderen Teilen der Insel auch. Denn ähnliche Opferrituale, rituelle Öffnungen oder Einweihungen der Wasserleitung, Rituale anlässlich der Reparatur von Leitungen und Heilsmahlzeiten von Bauern und Landpriestern sind aus vielen Teilen Indonesiens bekannt. Die aus Männern und Frauen bestehende Abordnung einer lokalen Bewässerungs-Genossenschaft *(subak)* zieht mit Opfergaben ins Zentrum ihres Bewässerungssystems, um »das göttliche Wasser abzuholen« *(mapag toya).* Hier steht der Altar Bhatara Wiśnus, der auf Bali als Gott des fruchtbaren Wassers verehrt und um Segen für genügend Wasser und erfolgreiche Arbeit auf dem Reisfeld [...] gebeten wird. Aus gekochtem Reis, Klebreiskuchen, Früchten, Blumen, Palmblattflechten und einem Spanferkel sind kunstvolle Gaben hergerichtet worden, die der Gottheit unter Abbrennen von Weihrauch geopfert werden.

Ein Brahmanenpriester verrichtet am Fuße des Steinaltars sein Offizium. Durch *mantras*, rituelle Formeln, und *mudras*, rituelle Handbewegungen, verwandelt er sich in Śiwa, den balinesischen Hochgott, um Weihwasser für den Beginn der Feldarbeiten herzustellen. [...]

Die Bewässerungs-Genossenschaften

Nach Beendigung aller für die Bewässerung erforderlichen rituellen Handlungen stauen die Mitglieder der Bewässerungs-Genossenschaft den Fluss, um Wasser abzuzweigen. In einer *subak*-Genossenschaft sind alle Bauern zusammengeschlossen, deren Felder aus demselben Kanal gespeist werden. Im Dorf Sidemen werden fünf unterschiedliche Felderkomplexe aus fünf Hauptzuleitungskanälen bedient – infolgedessen existieren hier fünf Bewässerungs-Genossenschaften, die das Wasser kontrollieren und verteilen. Wer in verschiedenen Bewässerungssystemen eines Dorfes Land besitzt oder bearbeitet, hat also Rechte und Pflichten als Mitglied mehrerer *subak*. Die *subak* sind autonome, von den übrigen dörflichen Organisationen, Kasten und Geschlechterverbänden unabhängige Rechtsgemeinschaften mit voller sozialer, technischer, administrativer und letztlich auch religiöser Autorität in allem, was Bewässerung und Landbau anbetrifft.

Gleichheit in Bezug auf die Wasserverteilung und Stimmgleichheit in den Versammlungen sind unabdingbare Voraussetzungen für ein funktionierendes Nassreisbausystem in einem Land, in dem das Wasser durch tiefe Schluchten und Täler vom Berg zum Meer fließt. [...] Die balinesischen Bewässerungs-Genossenschaften mischen sich nicht in Fragen von Anbau und Vermarktung eventueller Überschüsse ein. Sie regulieren die Bewässerung, koordinieren den Zeitpunkt des Pflanzens und nehmen darüber hinaus religiöse Verantwortung als kultische Landbaugemeinschaften wahr.

Zu den wichtigsten technischen Aufgaben gehört der Bau und die Instandhaltung von Kanälen, von Tunneln und Aquädukten, das Errichten von Dämmen und Schleusen. An diesen Arbeiten sollte grundsätzlich jeder Nutznießer der Wasserzuteilung teilnehmen, solange keine besonderen Gründe vorliegen, die etwa Dorfchefs, Tempelwächter oder Brahmanenpriester von kommunaler Arbeit befreien. In Sidemen lassen sich zahlreiche Landbesitzer durch ihre Pächter oder *penyakap* in der *subak* vertreten. Alle Landbesitzer und -bearbeiter tragen hingegen in irgendeiner Form zur Instandhaltung der Tempel bei, in denen die Feste zu Ehren der Reisgöttin stattfinden, deren Bedeutung nicht nur im spirituellen Bereich liegt, sondern eng mit den landwirtschaftlichen Arbeiten und damit dem Ausgang der Ernten verbunden ist.

Der Mensch als verkleinertes Abbild des Kosmos

In der Totalität der balinesischen Agrarkultur will sich der Mensch die Erde nicht untertan machen. Er versteht sich vielmehr als verkleinertes Abbild des Kosmos und der Natur, deren Teil er ist wie sie ein Teil von ihm.

Erweist sich in einem größeren Gebiet die Wasserzufuhr als zu gering, um alle *subak* gleichzeitig zu beliefern, so müssen die Felder nacheinander bestellt werden. In jeder Bewässerungseinheit werden jedoch grundsätzlich mindestens einmal jährlich Reis und anschließend andere Gewächse angepflanzt. Häufig trifft man innerhalb eines Dorfes auf eine Kombination von künstlich bewässerten Reisfeldern, großen trockenen Landstücken, die vorübergehend zu großen Gärten geworden sind, permanenten Trockenfeldern und Hausgärten. So herrscht auch in Sidemen eine vielschichtige Landnutzung vor: Zwischen zwei Reisanbauzyklen werden die Felder vorübergehend zu Trockenfeldern, auf denen Zwiebeln, Sojabohnen, Chilipfeffer, Mais, Bohnengewächse und viele Gemüse angepflanzt werden. Zu Beginn eines neuen Zyklus umrahmen deshalb schon überflutete Felder grüne Felder mit spanischem Pfeffer, der heutzutage für den Verkauf auf dem Markt angebaut wird und dessen Wachstumsperiode bis in den Beginn des Reisanbaus hineinreicht.

Schon vor Beginn der Bearbeitung der übrigen Felder werden an einem günstigen, durch den religiösen Kalender bestimmten Tag die schönsten Rispen der Vorernte als Muttersaat in Aufzuchtbeeten ausgelegt. [...] Die Reispflanzen werden im Abstand einer Handbreite in parallelen Linien auf den schlammigen Grund des Saatfelds gelegt – eine Arbeit, die stets von Männern verrichtet wird. [...]

Das Auspflanzen und die Geburt der Reisgöttin Bhatari Śri

Die Geburt der göttlichen weiblichen Reispflanze Bhatari Śri beginnt in den frühen Morgenstunden eines kalendarisch vorgegebenen günstigen Tages, der bereits beim Anlegen der Saatbeete ausgesucht worden war. Während des Auspflanzens steht das Wasser nur wenig über der Erde, damit der Boden nicht zu breiig ist und die Pflanzen umfallen. Die Männer, die im Rahmen der Arbeitsteilung nach Geschlechtern den Boden zur Aufnahme der Reispflanze vorbereitet haben, wirken nun als Geburtshelfer, wenn sie die Stecklinge im Abstand einer Handbreite in sauberen, eine Handlänge voneinander entfernten Reihen auspflanzen. Das Bepflanzen beginnt an der Stelle, wo das Wasser in den Felderkomplex eintritt. Diesem sogenannten Kopffeld oder *pangalapan* kommt in

Auf Bali arbeiten nach wie vor die meisten Menschen in der Landwirtschaft, allem voran im Reisanbau.

Religion und Nahrung sind eng miteinander verknüpft: Die Priester im Tempel segnen die den Göttern dargebrachten Speisen.

Die monumentalen Opfertürme (*banten tegeh*) aus Speisen, Früchten und Blumen werden traditionell von Frauen auf dem Kopf zum Tempel gebracht.

Gelebt, gekocht und gegessen wird auf Bali im Freien.

Das gleich bleibende heiße Tropenklima mit hoher Luftfeuchtigkeit bietet auch den beliebten Schlangenfrüchten ideale Bedingungen.

Die Märkte bieten eine schier unglaubliche Vielfalt an Gewürzen, Früchten oder Hülsenfrüchten.

kultischer Hinsicht in verschiedenen Reisritualen eine besondere Bedeutung zu, ist es doch die Stelle, zu der die Reisgöttin zu bestimmten Zeitpunkten ihres Wachstums herabkommt, um von den Menschen verehrt zu werden. […]

Doch erst nachdem alle Stecklinge ausgepflanzt sind und die Frau als Mittlerin zwischen dem Menschen und dem göttlichen Reis mit Opfer und Gebet hinzutritt, ist die Geburt der Reisgöttin Bhatari Śri vollendet. Es sind also immer die Frauen, die nach Abschluss der Männerarbeit die Felder betreten, um ein erstes Opfer für die neugeborene Reisgöttin dort auf den Deich zu legen, wo das Wasser einfließt. Dabei handelt es sich um ein mit jungen Kokospalmblättern umwickeltes längliches Opferpaket *(blayag)* mit gekochtem Reis, um verschiedene Reismehlgebäcke, ein Ei, gebratene und gewürzte geraspelte Kokosnuss, eine Erbsenart und manchmal ein Huhn.

In Bali hat sich die altindonesische Vorstellung von einer Reisseele mit dem hinduisierten Glauben an eine Göttin des Reisbaus verbunden, der ein eigentlicher Reisbaukult gewidmet ist. […]

Die Schwangerschaft der Reisgöttin

Rund 60 Tage nach dem Auspflanzen beginnt die Spelzenbildung: Die Reisfrucht gibt sich erstmals zu erkennen, und die Reisgöttin gilt als schwanger. Nun bereitet sich die *subak* auf das große, dreitägige Fest der Reisschwangerschaft *(aci ngayu-ayu)* vor, mit dem die Götter um reichen Inhalt der Spelzen, große Körner und Beistand gegen Schädlinge und Krankheiten aller Art gebeten werden.

Jedes Mitglied der Bewässerungs-Genossenschaft hat einen seinen Besitzverhältnissen angemessenen Teil Reis aus dem Speicher zu holen und für die kollektiven Opfergaben

Balinesische Rhythmik

und die Gemeinschaftsmahlzeiten zur Verfügung zu stellen. Der genau ausgewogene Anteil an ungeschältem Reis wird nun durch rhythmisches Stampfen enthülst. Um einen aus einem Baumstamm verfertigten Reistrog – *ketungan* genannt – stehen mehrere Frauen, die die Reisrispen mit körperlangen Holzstampfern bearbeiten, bis der Reis von den Spelzen befreit ist. Oft wird der Dreschrhythmus noch verstärkt, indem eine Frau am Trogrand oder der seitlichen Trogwand Leerschläge ausführt – zu keinem anderen Zweck als zur Belebung des Rhythmus. Das Prinzip dieser Arbeitsmusik kann als Modell balinesischer Rhythmik überhaupt betrachtet werden. Wo im Zuge der Modernisierung Reismühlen an die Stelle der Mörser und Stampftröge getreten sind, verschwindet diese Grundlage balinesischer Musik und damit ein Stück der Kultur.

Schon vor Beginn des Festes sind vor dem Tempel zu Ehren der Bhatari Śri hohe Bambusgräser oder *penjor* aufgerichtet worden, geschmückt mit Reisrispen und anderen Früchten des Landes. Phallische Symbole des Mahadewa, künden sie weithin sichtbar von der Feier der Reisschwangerschaft. Während zwei Holzschlitzgongs *(kulkul)* im rhythmischen Wechsel geschlagen werden und getragene, durch Lautsprecher verzerrte Gesänge den Empfang begleiten, ziehen die göttlichen Verwandten der Reisgöttin in Sänften vor dem Tempeltor in Begleitung ihrer Orchester auf. Nach einem feierlichen Empfang durch die *subak* ziehen die Gäste unter den Klängen der Prozessionsmusik in den Tempel ein, um in ihren Schreinen und auf ihren Altären Platz zu nehmen. [...]

Während sich der Brahmanenpriester rituell reinigt und so auf sein Offizium vorbereitet, bringen die Frauen kunstvolle Opfergaben zu den Schreinen und Altären der Gottheiten. Sobald die Essenz der Speiseopfer durch die rituellen Handlungen und Gebetsformeln der Tempelpriester zu den göttlichen Gästen vorgedrungen ist, werden die materiellen Reste der Speisen nach Hause getragen.

Sünde, um der Sünde vorzubeugen

Inzwischen hat sich die Mehrheit der Männer und Jungen vor dem Tempeleingang eingefunden, um große Mengen von Palmwein als Trankopfer auf den Boden zu schütten und um sich selbst mit dem gärenden Saft der Zuckerpalme zu betrinken. Das Böse lässt sich auf Bali am wirkungsvollsten durch den bekämpfen, der sich selbst sündhaft verhält, um sich damit vorübergehend negative Eigenschaften anzueignen. […]

Nach geraumer Zeit kehrt die Schar der Männer triumphierend und mit gezückten Kris-Dolchen in den Tempel zurück. Einmal mehr ist es ihnen gelungen, die dämonischen Kräfte in die Flucht zu schlagen, die ihr Grundnahrungsmittel und damit das Leben der gesamten Gemeinschaft bedrohen.

Drei Tage nach dem Fest der Bewässerungs-Genossenschaft pflanzen die Bauern am Kopfende ihrer Feldparzellen *(alapan)*, in Richtung der aufgehenden Sonne und des göttlichen Vulkans, einen Bambusaltar in den Boden. […]

Die Ernte

Mit dem Einsetzen der Reifeperiode nach der Reisblüte werden die Nassfelder trockengelegt. Um den Körnern ein erfolgreiches Ausreifen zu ermöglichen, wird der Wasserstand allmählich abgesenkt, bis die Felder zur Erntezeit, wenn sich die Fruchtstände unter ihrer Last nach unten neigen, völlig trocken liegen. Gegen die Reissperlinge, die sich in Scharen auf die reifenden Körner stürzen, werden Vogelscheuchen aufgestellt, und Kinder scheuchen die gefräßigen Vögel mit Bambusklappern und Rufen auf.

Fünfeinhalb Monate nach dem Auslegen der Muttersaat sind die Reisfelder gelb geworden. Drei Tage vor Beginn der Ernte wird die Reisgöttin gebeten, auf ihrem Altar Platz zu nehmen. Neben einer ganzen Anzahl spezieller Opfergaben kann man auf der Opferplattforrn kleine, menschenähnlich gestaltete Geflechte mit weiblicher, halbmondförmiger Haartracht erkennen, sogenannte *cili-* oder – in Sidemen – *deling*-Figuren, die die Reisgöttin symbolisch vergegenwärtigen. [...]

Für die eigentliche Ernte haben sich alle Mitglieder einer Erntearbeitervereinigung – Männer und Frauen – eingefunden, auf anderen Feldern wird im Familienverband oder zusammen mit Freunden geerntet. Ärmere Leute aus dem Dorf nehmen das traditionell verbürgte Recht zur Nachlese wahr. Bevor mit den Erntearbeiten begonnen wird, muss dafür gesorgt werden, dass die Reisseele beziehungsweise Bhatari Śri persönlich anwesend ist. Erst wenn die schönsten Rispen des Erntejahres zu einer göttlichen, Nini Pantun oder Reismutter genannten Garbe vereinigt worden sind, können die übrigen Garben westlich oder südlich von ihr, in Richtung des Sonnenuntergangs oder des Meeres, aufgereiht werden. [...] Nachdem die Bäuerin den gesamten Ernteertrag gesegnet und geweiht hat, wird sorgfältig gezählt und ein Sechstel als Lohn für die Erntearbeiter abgezweigt. Ein Drittel der verbleibenden Garben steht dort, wo das Land in Teilpacht bearbeitet wird, der Pächterfamilie zu, zwei Drittel gehen an die Besitzer des Reisfelds. In manchen Teilen Balis wird hälftig geteilt. Im Gefolge der Reismutter, die gleichgestellt wird mit der Reisseele und Bhatari Śri, werden die

Nini Pantun, die Reismutter

Garben schließlich ins Gehöft getragen und dort feierlich mit Opfergaben empfangen *(pamendak)*. [...]

Fruchtwechsel

Während auf einzelnen Feldern in Sidemen der Reis noch auf die Ernte wartet, werden andere, nachdem das Reisstroh mit Sicheln abgeschnitten worden ist, für den Fruchtwechsel vorbereitet, gepflügt und gehackt. Im gemischten Anbau *(tumpang sari)* werden auf den vorübergehend zu Trockenfeldern und zu großen Gärten gewordenen Reisfeldern sogenannte »Zweitgewächse« mit unterschiedlicher Vegetationsdauer angepflanzt: Schalotten, Sojabohnen und Chilipfeffer *(Capsicum)*.

60 Tage nach dem Auspflanzen können Schalotten und Sojabohnen geerntet werden. Als Folgegewächse werden nun Mais, Erdnüsse, nochmals Soja, Bohnengewächse, Süßkartoffeln und verschiedene Gemüse angepflanzt, die den Speisezettel bereichern. Chilipfeffer wächst weiter und kann nach drei Monaten mehrmals – über zwei Monate hinweg – reiche Erträge bringen. Seit einigen Jahren spielt auch der Anbau von Nelkenbäumen und Vanille, von Fruchtbäumen und -sträuchern und von Maniok in Haus- und Hofanschlussgärten sowie auf Trockenland an steilen Hügeln eine immer größere Rolle.

Vor allem Teilpächter und diejenigen, die kein Land besitzen, profitieren in Sidemen von einem Verteilungssystem, das sie zwar beim Reis benachteiligt, bei den Fruchtfolgen, deren Ernten rentabler sind als die schnellwüchsiger Reise, jedoch stark begünstigt. [...]

Urs Ramseyer: Reis – Konsequenzen des Geschmacks
St. Gallen/Köln/São Paulo: Edition diá 1988

Der »Garten der Götter« bietet eine Fülle weiterer exotischer Köstlichkeiten, bedingt durch den vulkanischen Ursprung, aber auch die periodischen Ausbrüche noch aktiver Vulkane, die Bali mit fruchtbarer Asche bestreuen.

Festtagsspeisen

Fisch, Fleisch und Geflügel sind teuer und meist den Festtagen vorbehalten. Sie werden nur für herausragende Anlässe zubereitet, etwa zu Hochzeiten und Beerdigungen, zu denen viele Gäste bewirtet werden müssen. Und natürlich zu hohen religiösen Feiertagen wie Galungan.

Galungan ist der Jahrestag der Schöpfung der Welt und einer der wichtigsten Feiertage auf Bali. Er wird alle 210 Tage gefeiert und leitet eine zehntägige Festzeit ein, die mit dem Kuningan-Fest endet. Nach balinesischer Vorstellung wurde die Welt von Sanghyang Widi, dem Höchsten Licht, erschaffen. Am Jahrestag der Schöpfung besucht er zusammen mit anderen Göttern die Tempel, und die Ahnen besuchen die Häuser ihrer Nachkommen. Sie verlassen diese wieder am letzten Tag, dem Kanungan. Straßen und Häuser werden anlässlich dieses Festes mit dem *penjor,* einem Bambusstab, geschmückt, der mit verschiedenen Früchten, kleinen Reiskuchen, Blumen und einem Stück weißen oder gelben Stoffes behängt wird. Er ist Symbol für die Anwesenheit des Schöpfergottes und wird einen Tag vor Galungan vorbereitet. Galungan und Kuningan werden von Prozessionen und großen Tempelfesten zu Ehren des Gottes und der Ahnen begleitet.

Ebat

Das meistgeliebte Festtagsessen nennt sich *Ebat,* was nichts anderes heißt als »Gehacktes«. Doch dessen Zubereitung ist eine wahre Herkulesaufgabe. Da in der balinesischen Tropenhitze das Fleisch ohne Kühlung schnell verdirbt, beginnt die Vorbereitung des *Ebat* kurz nach Mitternacht und ist erst im Morgengrauen beendet. Gegessen wird alles vor dem Mittag.

In der Nähe der Küste sind Schildkröten die Hauptzutat, im Landesinneren auch Schweine. Zuerst wird das Tier um Entschuldigung gebeten für das, was ihm angetan wird. Dann wird ihm die Kehle aufgeschnitten, die auf Bali bevorzugte Methode, Tiere zu töten. Das Blut wird sorgfältig aufgefangen und mit ein wenig Limonensaft vor dem Gerinnen bewahrt. In einem großen Kessel mit heißem Wasser werden die Leber, der Magen, die Lunge und weitere Teile des Tieres gekocht. Das Fleisch wird roh weiterverarbeitet und in einem Mörser zu einer Paste zerstoßen.

Die eigentliche Herkulesaufgabe aber besteht darin, der Gewürzberge Herr zu werden, die vor dem Kochvorgang zerhackt werden müssen – daher auch der Name des Gerichtes.

Getränke

Eines der Nationalgetränke im Paradies ist Tee *(teh)*, der meist mit viel Zucker und niemals heiß serviert wird. Die Holländer brachten um 1700 auch den Kaffee *(kopi)* nach Indonesien. Die Balinesen zerstampfen ihn und brühen ihn anschließend mit heißem Wasser auf. So entsteht ein völlig anderer Geschmack als der unseres Filterkaffees.

Neben den bekannten Limonaden aus dem Westen, wie Cola oder Fanta, gibt es eine Reihe von indonesischen Variationen, die meist erschreckend süß schmecken. Sie bestehen aus Kokosmilch, Fruchtsäften und anderen undefinierbaren, sehr unnatürlich wirkenden, bunten Zutaten.

Die Fruchtsäfte *(sari buah)* hingegen sind ein wahrer Genuss. Verschiedenste Sorten Obst und Gemüse werden dazu mit Eiswürfeln im Entsafter gepresst.

Die beliebtesten lokalen Getränke sind der leicht alkoholische Palmwein *(tuak)* und – neben dem Reiswein *(brem)* – das Bintang-Bier.

Die balinesische Küchenausstattung

In unseren Augen mögen die Methoden, mit denen die balinesischen Köstlichkeiten zubereitet werden, und die Umstände, unter denen sie entstehen, primitiv erscheinen. Die Frauen – denn das Kochen ist ausschließlich Frauensache, abgesehen von der Vollendung mancher Opfergaben – sitzen zu mehreren auf dem Boden oder auf großen, niedrigen Holztischen und stampfen, kneten, hacken, reiben, mischen, zerstoßen, sieben, schälen, wickeln, formen und unterhalten sich nebenbei. Gearbeitet wird im Schneidersitz, mit angezogenen Beinen und barfuß. Dabei werden die Töchter von ihren Müttern in die tägliche Küchenarbeit eingeführt.

Natürlich übernehmen die jungen Mädchen lange Zeit nur die »alltäglichen Arbeiten« wie das Schneiden von Bananenblättern, die entsprechend gefüllt und gefaltet werden, das Schälen und Hacken von Gemüse, das Zerstoßen von Gewürzen im Steinmörser. Traditionell übertragen die Mütter ihren Töchtern erst nach und nach kompliziertere Aufgaben, vor allem die Vorbereitung der Opfergaben.

Auf Bali sind wegen der klimatischen Verhältnisse die Küchen offen, zwar überdacht, aber nicht abgeschirmt. Sie sind in dem »am wenigsten Glück verheißenden Teil« des Anwesens untergebracht. Der heiligste Teil des Hauses ist den Bergen zugewandt und beherbergt die mannigfaltigen Altäre für die Götter und die Ahnengeister.

Die spartanisch eingerichtete Küche *(paon)* ist dennoch ein stark frequentierter Raum, da das Vorbereiten mehrerer Mahlzeiten am Tag sowie der Opfergaben eine Menge Zeit erfordert und weil hier der Speisenschrank steht.

Holzkohlengrill

Der Holzkohlengrill der Familie steht meist vor dem Haus, es sei denn, die Feuerstelle in der Küche ist so groß, dass über einer Glut Satés gegrillt werden können.

Tontopf

Zur Grundausstattung der Küche gehört ein schwarzer Tontopf, in dem die in Bananenblätter gewickelten Speisen gedämpft oder Reis gekocht werden. In ländlichen Gebieten sind noch heute viele Töpfe und Pfannen aus Ton in Gebrauch, aber auch dort setzt sich die Verwendung von Metallpfannen und -töpfen durch.

Wok

Daneben ist der Wok, ein Topf mit kugelrundem Unterboden, der auf diese Weise die Hitze besser speichert, ein wichtiges Utensil, in dem die Balinesen nicht nur dämpfen, kochen, frittieren, sondern auch schmoren und dünsten.

Kukusan

In städtischen Haushalten haben sich elektrische Reis- und Gaskocher durchgesetzt, doch grundsätzlich zieht es jeder Balinese vor, den Reis in traditioneller Weise zu garen: Er wird gründlich gewaschen, damit das Reismehl den Reis nicht verklebt, und für einige Zeit in kaltem Wasser eingeweicht. In frischem Wasser wird er halb gar gekocht und erst dann in einem geflochtenen Dampfkörbchen *(kukusan)* in dem schwarzen Tontopf über kochendem Wasser gedämpft.

Kokosnussschaber

Unabdingbar ist auch ein Kokosnussschaber, da die Kokosnuss als die »Sahne der Balinesen« ein wesentlicher Bestandteil balinesischer Speisen ist. Meist wird die frische Nuss auf einem einfachen Holzbrett mit aneinandergereihten Metallstiften geschabt, es kann aber auch ein einfaches Stück Wellblech sein, das mit Zacken versehen ist.

Steinmörser

Ein weiteres Küchenutensil ist der breitflächige Steinmörser *(batu base)* mit seinem flach geformten Stößel und einem Griff, der den uns bekannten Mörsern rein optisch fast nicht vergleichbar ist. Der Unterschied besteht darin, dass die Zutaten nicht gestoßen, sondern eher gerieben und gemahlen werden. In der balinesischen Küche wird ausgiebig mit dem Mörser gearbeitet, denn die Zubereitung der Speisen verlangt Frische. Schalotten, Knoblauch, Chili, Großer und Kleiner Galgant, Ingwer, Koriander, Kurkuma, Pfefferkörner und Erdnüsse, alles wird tagtäglich frisch zerrieben.

Bambus-Kochutensilien

Andere Kochutensilien vom Pfannenheber bis zur Schöpf- und Schaumkelle sind auf Bali aus Bambus gefertigt, wie auch das Blasrohr, mit dem das Feuer angefacht wird.

Hackklotz

Ein weiterer Bestandteil der Grundausstattung einer balinesischen Küche ist der Hackklotz, meist eine quer gesägte Baumstammscheibe. Sie muss kräftig sein und manches aushalten können, denn unter dem Hackmesser werden die Lebensmittel wie mit einer Axt klein gehackt: ganze Hähnchen, große, dicke Fische, Fleisch mit Knochen und Knorpel. Aber auch Zitronengras wird mit dem Messerrücken auf dem Hackklotz zerdrückt, oder duftende Wurzeln werden auf ihm zerkleinert.

Standardgewürzmischung

Jeder Haushalt hat eine Schachtel mit der *basa genep* (alle Gewürze) genannten Mischung in der Küche. Die Balinesen gebrauchen sie zum Würzen von Fleisch wie von Gemüse. Meist besteht sie aus Seesalz, schwarzem und weißem Pfeffer (der milder ist und sich eigentlich vom schwarzen nur dadurch unterscheidet, dass er ohne die dunkle äußere Schale zerstoßen wurde), und natürlich sind *tabia* in dieser Mischung: Chili. Das macht die Mischung oft recht scharf, aber Chili gelten als desinfizierend und blutsäubernd. Sie kamen erst mit den Portugiesen nach Bali.

Speiseschrank

Die balinesische Kücheneinrichtung ist mit einer Bank und einem Speisenschrank – der nicht mit unserem Kühlschrank zu verwechseln ist – komplett. In ihm lagern die Speisen des jeweiligen Tages für alle Familienmitglieder, und jeder bedient sich hier, wann immer er mag.

Da ein Essen ohne Reis auf Bali keines ist, spricht man, wenn man eine Mahlzeit meint, immer von einer Reistafel. Lässt man sich zu einer solchen gemeinsam nieder, was durchaus nicht alltäglich ist, werden – bis auf Süßspeisen und Früchte – alle Gerichte inklusive der Suppe zusammen auf den Tisch gestellt.

Im Paradies müssen die Menschen sehr glücklich sein, denn *selamat*, das Wort für Glück, wird auf Bali beim Begrüßen von morgens bis abends benutzt. Man wünscht allen Glück und meint es auch so, es kommt von Herzen.

So auch zu einer bevorstehenden Mahlzeit:

Viel Glück beim Essen!
Selamat makan!

Typische Zutaten

Bali gleicht einem Gewächshaus: Alles wächst üppig, und die frischen, saftigen Farben glänzen satt in der feuchten Hitze. Kaffee, Reis, Bohnen, Ananas, Kräuter, Kartoffeln, Chili, Gewürze, Kokosnüsse – die Götter sind den Balinesen wohlgesinnt.

Die balinesische Küche kann sich sehen und schmecken lassen. Im Folgenden werden Zutaten vorgestellt, die hauptsächlich verwendet werden. Viele Gewürze, Kräuter, Gemüse und Früchte sind aus der asiatischen Küche bekannt, aber einige Besonderheiten gibt es schon. Chili werden im Kapitel »Gewürzmischungen, Sambals, Saucen und Würzbeilagen« (Seite 53 ff.) ausführlich besprochen und daher in dieser Liste nur kurz erläutert.

Ananas
Nenas

Die Frucht wird weniger in Curries oder warmen Speisen verarbeitet als eher frisch, saftig und süß mit Chilisaucen serviert oder zum Garnieren verwendet. Wichtiger Bestandteil auch im würzigen Frucht-und-Gemüse-Salat (Seite 106).

Bier
Bir

Bier ist überall erhältlich und das einheimische Bir Bintang gar nicht schlecht. In den Touristenzentren erhält man eine große Auswahl an westlichen Biersorten.

Bohnensprossen
Tauge

Saisonal frisch geerntet, werden die Sprossen der grünen Mungobohne gerne unter Gemüsegerichte gemischt.

Chili
Tabia

Sie werden auf Bali in drei verschiedenen Sorten verwendet. Die bis zu drei Zentimeter langen, dicken *Tabia Bali* sind die gängigsten. Die fingerlangen, roten *Tabia Lombok* sind die mildesten und die *Tabia Kerinyi* (Vogelaugenchili) die schärfsten. Vorsicht: Immer mit Gummihandschuhen arbeiten, damit die intensive Schärfe nicht auf die Haut gelangt.

Curryblätter
Daun kunyit

Die Blätter werden auf Bali frisch verwendet, außerhalb Asiens sind sie getrocknet im Angebot. Frische Curryblätter werden oft in Öl kross gebraten, damit sie entsprechend duften.

Currypulver
Bubuk kunyit

Auf Bali werden die einzelnen Currygewürze frisch geröstet, zerrieben und vermischt. Das tamilische Wort *kari*, das »curry« gesprochen wird, heißt in Asien »Sauce«. Grundsätzlich versteht man unter Curry eine Gewürzmischung, die von mild bis höllisch scharf schmecken kann, mit mindestens sieben und höchstens 40 Grundgewürzen. Das können Kardamom, Pfeffer, Chili, Muskat, Piment, Sternanis, Bockshornkleesamen oder Fenchel sein. Die gelbe Färbung ist ein Muss und wird vom Kurkuma hervorgerufen.

Erdnüsse
Kacang tanah

Ob roh oder mit Knoblauch oder Chili frittiert, ob gehackt, gemahlen oder grob zerstoßen, Erdnüsse sind Bestandteil vieler Saucen, geben Curries oft den letzten »Pfiff« oder beruhigen zu scharfe Chiligerichte. Gewürzte Erdnüsse werden auf den Märkten als Imbiss verkauft.

Erdnussöl
Minyak kacang tanah

Erdnussöl ist das in der balinesischen Küche am häufigsten verwendete Öl, da es zum einen stark erhitzbar ist und zum anderen den Speisen einen feinen, nussigen Geschmack verleiht.

Großer Galgant
Laos

Auf Bali wird Großer Galgant häufiger verwendet als der Kleine. Er ist ein Rhizom wie Ingwer, zart im Geschmack, mit brauner Schale und milchig-weißem Fruchtfleisch. Großer Galgant ist auch getrocknet und in pulverisierter Form erhältlich.

Ingwer
Jahe

Ingwer hat ein blassweißes, scharf schmeckendes Fruchtfleisch und ist in der balinesischen wie der asiatischen Küche unentbehrlich. Er ist getrocknet und in pulverisierter Form erhältlich, allerdings geht nichts über das frische Rhizom.

Kaffirlimonenblätter
Daun jeruk

Die Blätter tauchen oft in der Zutatenliste balinesischer Gerichte auf. Meist werden sie gewaschen und in sehr dünne Streifen geschnitten – sie ergeben ein wunderbar fruchtiges Aroma. (Kaffir-)Limonenblätter sind in Asia-Shops erhältlich.

Kardamom
Kapulaga

Die Samen des Kardamoms gehören nach Safran zu den teuersten Gewürzen weltweit. Die getrockneten schwarzen Kapseln, die je nach Sorte auch weiß, blassgrün oder braun sein können, werden zerdrückt verwendet.

Kerzennuss
Kemiri

Kerzennüsse sind von milchig-weißem Aussehen, leicht ölig und nussig-sahnig im Geschmack. Sie werden in vielen Gerichten gerne als aromatische Zutat verwendet.

Kleiner Galgant
Kencur

Das orangerote Fruchtfleisch des Kleinen Galgants wird häufig als »aromatischer Ingwer« bezeichnet. Es gibt ihn auch getrocknet oder in pulverisierter Form.

Knoblauch
Bawang putih

Von mild bis scharf, je nach Sorte, ist Knoblauch unverzichtbar in der balinesischen wie auch in anderen asiatischen Küchen.

Kokosnuss
Kelapa

Die Steinfrucht wächst auf bis zu 30 Meter hohen Palmen. Frisch geerntet, wird ihr klares Kokosnusswasser in Asien zum Trinken angeboten. Dabei wird oben in die Nuss ein kleines Loch für den Strohalm gebohrt. Frisches Kokosnussfruchtfleisch wird vielfach geraspelt in Salaten angeboten. Die Milch, zubereitet aus einem Aufguss aus Wasser und geraspelter Kokosnuss, ist eine hervorragende Grundlage für Curry-Gerichte. Geraspelte Kokosnüsse werden unter Gemüse gemischt oder, mit Gewürzen gebraten, als Beilage gereicht.

Kokosnussmilch ist nicht identisch mit Koboswasser. Sie wird vielmehr aus frisch geraspelten Kokosnussflocken hergestellt.

Kokosnussmilch, dicke/dünne: Dazu 250 g frisch geraspelte Kokosnuss mit 500 ml lauwarmem Wasser begießen, fest kneten und einige Minuten einwirken lassen. Anschließend durch ein mit einem Tuch ausgelegtes Sieb pressen. Der erste Durchgang ergibt dicke, der zweite und der dritte Vorgang, der wieder mit Wasser aufgegossen wird, dünne Kokosnussmilch.

Kokosnussmilch, fertige: Sie wird in gut sortierten Lebensmittelgeschäften oder Asia-Shops in Dosen oder im Tetrapak angeboten.

Kokosnusspaste ist eine gute Alternative zu Kokosnussmilch. Die fest gepressten Blöcke können portionsweise verwendet werden und halten sich gut im Kühlschrank. Mit einem Messer schabt man immer nur so viel ab, wie man benötigt. Die Paste wird mit Wasser oder Brühe vermischt und aufgekocht.

Korianderblätter
Daun ketumbar

Die frischen Blätter des Korianders, auch »duftendes Grün« genannt, werden in der balinesischen Küche für einige Curries verwendet.

Koriandersamen
Ketumbar

Die Samen des Korianders sind nicht scharf, aber von einem besonderen, unvergleichlichen Aroma und im Aussehen eher orangefarben. Getrocknet sind sie ein wichtiger Bestandteil im Currygewürz. Für Gerichte zerreibt man sie am besten im Mörser.

Krabbenchips
Kerupuk udang

Die knusprigen, luftig frittierten Chips werden aus zermahlenen Garnelen, Tapiokamehl und exotischen Gewürzen hergestellt. Auf Bali werden sie als Imbiss, Snack oder Beilage serviert.

Kurkuma
Kunyit

Das auch Gelbwurz oder Safranwurz genannte Gewürz verleiht dem Curry seine leuchtend gelborange Farbe. In Bali wird die frische Kurkumawurzel, die zur Ingwerfamilie gehört, geschabt und unter das jeweilige Gericht gemischt. Meistens ist Kurkuma getrocknet in Pulverform erhältlich. Zum Kochen wird oftmals Kurkumawasser empfohlen: Dazu werden 2 EL Kurkumapulver mit 200 ml lauwarmem Wasser verquirlt. Oder man gibt 100 g frische Kurkumawurzel und 250 ml Wasser oder Brühe in den Mixer.

Limette
Jeruk purut

Die auch Limonelle oder Lumie genannte grünliche Frucht wächst auf Bali in drei Varianten. Die beliebteste ist die Kaffirlimone, von deren Baum die gerne verwendeten Blätter stammen. Aber auch die dünnschalige kleine und die größere Limette werden je nach Saison verwendet.

Muskatblüte
Bunga pala

Die Muskatblüte oder Macis ist ein Teil der Muskatnuss, schmeckt aber vollkommen anders. Obwohl Indonesien die Urheimat des Muskatbaums ist, werden Nuss und Blüte in den Gerichten nur selten verwendet.

Muskatnuss
Pala

Die Muskatnuss sollte erst kurz vor dem Gebrauch frisch gerieben werden, da ihr Aroma schnell verfliegt.

Nelken, Gewürznelken
Cengkeh

Die (getrocknet verwendeten) Blütenknospen des immergrünen tropischen Baumes finden vielfach Verwendung in Gewürzmischungen.

Palmwein
Tuak

Nachdem der Saft der Aren-Palme einige Tage gegoren hat, entsteht ein Getränk mit mittlerem Alkoholgehalt.

Palmzucker
Gula Bali

Der Zucker wird aus dem Saft von Kokosnusspalme und Palmyrapalme gewonnen. Der dunkle, kräftig schmeckende Zucker wird so lange ausgekocht, bis er kristallisiert.

Palmzuckersirup wird gekocht, indem man zerkleinerten Palmzucker mit Wasser aufkocht. Bei schwacher Hitze weitere 5 Minuten leise kochen, durch ein Sieb gießen, erkalten lassen und bis zum Gebrauch zugedeckt im Kühlschrank aufbewahren.

Pandanusblätter
Daun pandan

Die auch unter dem Namen »Schraubenbaumblätter« bekannten langen, flachen grünen Blätter geben beim Zerreiben, Zerstampfen oder während des Mitkochens Aroma und Farbe ab. Man isst sie nicht mit, sie werden eingesetzt wie Lorbeerblätter.

Pfeffer
Merica hitam

Die weißen oder schwarzen Körner werden, frisch im Mörser zerrieben, für Curries verwendet.

Rambutan

Diese Frucht ist bei allen balinesischen Festlichkeiten, in Obstsalaten und als Dekoration gern gesehen. Unter den weichen Stacheln verbirgt sich süßes Fruchtfleisch, das ähnlich dem von Litchies schmeckt.

Reisschnaps
Arak

Der Schnaps wird aus *tuak* (Palmwein) und *beras* (Reis) gebrannt und schmeckt gut, mit Wasser vermischt, auf Eis oder in Kaffee.

Reiswein
Brem

Zur Herstellung dieses Reisweins, eines süßen dickflüssigen Getränks, wird eine bestimmte Reissorte gekocht, mit Kokosnussmilch übergossen und mit Hefe vergoren.

Salamblätter
Daun salam

Die Blätter sind sehr gute Geschmacks- und Aromaträger in den verschiedensten Gerichten. Falls keine zur Hand sind, kann man sie zur Not auch weglassen.

Schalotten
Bawang

Schalotten werden die »Zwiebeln Balis« genannt. In balinesischen Gerichten sollten, wenn möglich, immer Schalotten und keine Zwiebeln verwendet werden. Sie sind milder, aromatischer und nicht so scharf wie Letztere.

Sesamsamen
Wijen

Die besonders hellen Samen werden gerne für Süßspeisen verwendet.

Shrimp-Paste
Trasi

Die rötliche Paste wird in der balinesischen Küche häufig eingesetzt. Sie ist geruchsintensiv, und so reicht eine geringe Menge, um ein Gericht zu aromatisieren. Shrimp-Paste wird immer gegart, geröstet oder – falls sie in einer Salatsauce Verwendung findet – vorher auf Alufolie von beiden Seiten gegrillt.

Sojasauce
Kecap manis
Kecap asin

Diese Sauce ist in der asiatischen Küche unentbehrlich. Auf Bali wird mit der dicken, dunklen *kecap manis* gewürzt. Für helle Gerichte wird die helle, dünnflüssigere, leicht salzigere Variante *(kecap asin)* verwendet.

Tamarinde
Asam jawa

Die leicht sauer schmeckende Frucht des großen tropischen Baumes wird getrocknet in Päckchen angeboten. Zum Kochen wird ein Teil Tamarindenmark in fünf Teilen heißem Wasser aufgelöst. Anschließend streicht man die Mischung durch ein Sieb, dabei bleiben Fasern und Samen hängen. Tamarindensaft findet in vielen balinesischen Rezepten Verwendung.

Zimt
Kayu manis

Da indonesischer Zimt teuer ist, wird auf Bali meist chinesischer Zimt (Kassia) verwendet.

Zitronenbasilikum
Kemangi

Diese Basilikumart wird in der indonesischen Küche allgemein sehr gerne verwendet. Das Zitronenaroma entfaltet sich vollends, wenn die Blätter erst beim Servieren untergemischt wird. Nicht lange kochen!

Zitronengras
Sereh

Zitronengras verleiht den Curries das leicht zitronenähnliche Aroma. An ihrem weißen, fleischigen Ende sind die Halme am saftigsten und ergiebigsten. Die scharfkantigen Halme werden mit einem Messerrücken zerdrückt, sodass die ätherischen Öle fließen können. Zitronengras wird nur als Aromaträger mitgekocht und nicht unbedingt gegessen.

Maße und Abkürzungen

EL	Esslöffel
TL	Teelöffel
g	Gramm
kg	Kilogramm
l	Liter
ml	Milliliter

Wenn nicht anders angegeben, sind Tee- und Esslöffel gestrichen gefüllt.

Alle Rezepte beziehen sich, wenn nicht anders vermerkt, auf vier Personen.

Da die offizielle Sprache auf Bali Indonesisch ist und viele balinesische Gerichte eher unter ihrem indonesischen Namen bekannt sind, sind die Titel der Rezepte in Indonesisch wiedergegeben.

Gewürzmischungen, Sambals, Saucen und Würzbeilagen
Bumbu, sambal dan saus

In der balinesischen Küche gehören zur Grundlage jeder Mahlzeit nicht nur Reis, sondern auch entsprechende Gewürzmischungen und Sambals. Damit es beim täglichen Kochen schneller geht, werden die verschiedensten Grundmischungen und Sambals meist im Vorfeld zubereitet und können dann in verschlossenen Gläsern bis zu einer Woche im Kühlschrank oder an einem kühlen Ort gelagert werden.

Das Wort Sambal bedeutet zwar Mischung bzw. Paste, aber es könnte auch ein Synonym für Chili sein – kein Sambal ohne feurige Chili.

In der balinesischen Küche werden drei Sorten Chili verwendet, die milden, fingerlangen roten Tabia Lombok, die dicken Tabia Bali, die in den Farben Gelb bis Rot erhältlich sind, und die teuflisch feurigen, kleinen Vogelaugenchili (Tabia Kerinyi).

Über 100 Sorten

Bisweilen kann sich die Beschaffung bestimmter Chilisorten in unseren Breiten als schwierig erweisen. In gut sortierten Supermärkten oder Lebensmittelabteilungen von Kaufhäusern bekommt man kleine rote und grüne Chilischoten, in asiatischen, griechischen oder türkischen Geschäften wird zumeist eine etwas größere Auswahl an unterschiedlichen frischen Chilischoten angeboten, die jedoch in den seltensten Fällen einheitlich benannt werden. Ihre verschiedensten Bezeichnungen können große Verwirrung stiften: Sie reichen von Paprika, Peperoni und Sambal über Kirschpaprika, Chili, Cayenne, Pimienta bis hin zu Cayennepfeffer. Am besten kaufen Sie diejenigen Chilischoten, die Ihnen schmecken. Sie können sich jedoch auch als Hobbygärtner bewähren und die pflegeleichten Pflanzen im Blumentopf ziehen. Besorgen Sie sich Chilipflanzen entweder in Fachgeschäften oder säen Sie die Samen Ihrer (Lieblings-)Chili aus. Diese Möglichkeit sollten Sie in Betracht ziehen, wenn Sie ein eingefleischter Chilifan sind.

Der kleine Unterschied

Chili stehen in dem Ruf, heimtückisch zu sein: Erst der Biss, dann das Schlucken und zuletzt das scharfe Erwachen. Halten Sie sich am besten an folgende Faustregel: Je kleiner die Chilischote, umso schärfer, je größer die Schote, umso milder ist sie. Beachten Sie jedoch, dass diese Regel bei den neuen Züchtungen bisweilen ihre Gültigkeit verloren hat. Wenn Sie Chilischoten verarbeiten, müssen Sie den Schärfegrad meist durch Ausprobieren herausfinden. Stellen Sie sich vorsichtshalber Zucker bereit, damit Sie »höllische« Bissen gleich mildern können.

Vorsichtiger Umgang mit der Schärfe

Der Schärfe gebende Wirkstoff Capsaicin ist überwiegend in den Kernen, in den Trennwänden und im Chiliöl der Chilischoten enthalten. Je nach gewünschtem Schärfegrad können Sie die Chilischoten entkernt verzehren, aber auch mit den Kernen verwenden. Beim Zubereiten der Schoten sollten Sie immer Vorsicht walten lassen, denn sobald Sie die Schoten aufschneiden und mit dem Capsaicin in Berührung kommen, kann der Wirkstoff höllisch auf der Haut brennen. Vor dieser unerwünschten Nebenwirkung schützen Sie sich am besten, indem Sie beim Verarbeiten der Schoten Haushaltshandschuhe anziehen.

Glauben Sie auch alles?

Bei meinen ersten Besuchen auf Bali aß ich viele unterschiedliche Chiligerichte und sinnierte dabei über die Frage, warum die Balinesen denn alles so scharf würzen. Zum Teil sind die Gerichte so chiliwürzig, dass sie (für uns Europäer) undefinierbar werden. Also fragte ich einen Koch, der mir eine verblüffend einfache Antwort gab. Demzufolge gab es in ärmeren und härteren Zeiten wenig Fleisch und viel Reis. Damit das Verhältnis nicht allzu sehr auffiel, wurde das Fleisch so scharf gewürzt, dass man zehnmal mehr Reis verzehren musste, um die Geschmacksnerven nach jedem Bissen Fleisch wieder zu beruhigen … Außerdem sei die Chilischärfe gesund für die Verdauung. Tatsäch-

lich wirkt Chili in tropischen Ländern mit extrem hoher Luftfeuchtigkeit als »sanfte Medizin«. Die Schoten besitzen einen hohen Gehalt an den Vitaminen A, B und C und verfügen über eine Anzahl weiterer gesunder Eigenschaften, wie zum Beispiel zu desinfizieren und Schmerz zu lindern.

Tipps zum Entschärfen

Im Schärfe-Notfall können Sie immer auf folgende Erste-Hilfe-Regeln zurückgreifen:

1. *Trinken Sie Wasser, auch wenn es die Schärfe nur lindert, jedoch nicht neutralisiert.*
2. *Sollte Ihnen bei einem balinesischen Gericht die Luft ausgehen, dann halten Sie auf alle Fälle frisch geraspelte Kokosnuss oder getrocknete Kokosnussraspel bereit. Nehmen Sie einen Löffel voll, und Sie merken, wie die süßliche Kokosnuss die Schärfe auf der Zunge aufnimmt.*
3. *Auch Zucker, brauner oder weißer, Palmzucker oder Palmzuckersirup nimmt die Schärfe auf.*
4. *Exzellente Brandlöscher sind zudem eiskalte Joghurtgetränke, wie zum Beispiel Lassi. Behalten Sie diese im Mund, bis Sie das Gefühl haben, dass das Brennen nachlässt.*

Grundwürzpaste
Sambal

für 2 Schraubgläser à 250 ml

20 große getrocknete Chilischoten
2 große Zwiebeln
10 Knoblauchzehen
1 EL Shrimp-Paste (Trasi)
150 ml Erdnussöl
250 ml Tamarindensaft
3 EL Palmzucker

In einer Schüssel die Chili mit kochendem Wasser übergießen und etwa 15 Minuten einweichen. Währenddessen Zwiebeln und Knoblauch grob hacken.
Die Chili abgießen, trocken tupfen und mit Zwiebeln, Knoblauch, der Shrimp-Paste sowie der Hälfte des Erdnussöls im Mixer fein pürieren.
In einem Wok das restliche Öl erhitzen und das Püree unter ständigem Rühren mit einem Holzspatel etwa 20 Minuten braun braten. Nach etwa 10 Minuten den Tamarindensaft unterrühren, mit Salz und Palmzucker würzen.
Die weiche Paste im Wok vollständig erkalten lassen. In zwei Schraubgläser füllen, verschließen und im Kühlschrank aufbewahren.

Wer gerne feurig scharfe Speisen liebt, sollte immer einen Vorrat an unterschiedlichsten Sambals im Kühlschrank haben. Man kann sie für Gemüse, Fisch, Fleisch, Bohnenquark oder Meeresfrüchte verwenden. Es gilt die Faustregel: etwa 1 TL Grundwürzpaste auf 250 g der jeweiligen Hauptzutat.

Sambal ulek

für 1 Schraubglas à 250 ml

20 kleine rote Chilischoten
5 EL weißer Essig

Die Chili putzen und entstielen. Mit 1 EL Salz im Mixer oder mit dem Pürierstab fein pürieren. Den Essig langsam zugeben, sodass eine streichfähige Paste entsteht. In ein Schraubglas füllen, verschließen und im Kühlschrank aufbewahren.

Nach balinesischer Art werden alle Zutaten mit einem Mörser bearbeitet, bis eine Paste entsteht. Es ist wichtig, dass die Samenkörner mit verwendet werden, denn darin steckt die Schärfe.
Je nach gewünschtem Schärfegrad kann jeder Chili verwendet werden – auf Bali werden für dieses Rezept Vogelaugenchili genommen.

Sambal von gebratenen Chili
Sambal bajak

Ein wirklich brennendes, höllisch scharfes Sambal. Bieten Sie es Ihren Gästen an, aber mit dem Hinweis, nur kleinste Teelöffelchen voll mit einer riesigen Menge Reis zu vermischen. By the way: Richtig hartgesottene Sambal-Fans haben immer frisch zubereitete Sambals im Kühlschrank. Und diese werden zu allem gegessen, ob auf Sandwichs, auf Fingerfood wie Gurke, frische Mango, auf Krabbenchips, Steaks, Fisch …

für 1 Schraubglas à 250 ml

5 Vogelaugenchili (Tabia Kerinyi)
1 große Zwiebel
5 Knoblauchzehen
5 Kerzennüsse
3 EL Erdnussöl
½ TL Laospulver (im Asia-Shop)
1 EL Shrimp-Paste (Trasi)
6 EL Tamarindensaft
2 EL Palmzucker

Die Chili putzen und entstielen, Zwiebel und Knoblauch grob hacken. Diese Zutaten im Mixer pürieren. Die Kerzennüsse fein reiben.
In einem Wok das Erdnussöl erhitzen und das Püree unter ständigem Rühren etwa 5 Minuten braten. Kerzennüsse, Laospulver, Shrimp-Paste und 1 TL Salz einrühren. Weiterbraten, bis sich alles gleichmäßig verbunden hat. Den Tamarindensaft mit dem Palmzucker vermischen und zuletzt unterrühren. Die Paste abkühlen lassen, in ein Schraubglas füllen, verschließen und im Kühlschrank aufbewahren – die Paste hält sich bis zu drei Wochen.

Sambal bajak wird immer kalt gegessen: 1 kleiner TL oder ¼ EL mit einer großen Menge Reis vermischen – je nach gewünschtem Schärfegrad.

Balinesische Würzpaste

Sambal bumbu Bali
(balinesisch: Base gede)

für 1 Schraubglas à 250 ml

5 Schalotten
5 Knoblauchzehen
5 cm Ingwerwurzel
3 frische rote Pfefferschoten
3 kleine rote Chilischoten
1 TL Koriandersamen
1 TL schwarze Pfefferkörner
1 EL brauner Zucker
2 EL Erdnussöl

Schalotten, Knoblauch und Ingwer schälen und fein hacken. Pfeffer- und Chilischoten halbieren und entkernen, das weiße Fruchtfleisch entfernen, die Schoten fein würfeln. Alles mit Koriander, Pfefferkörnern und Zucker im Mixer oder mit dem Pürierstab fein pürieren.

In einer Pfanne das Erdnussöl erhitzen und das Püree etwa 5 Minuten anrösten. Abkühlen lassen, in ein Schraubglas füllen, verschließen und im Kühlschrank aufbewahren – die Paste hält sich eine Woche.

Diese Würzpaste passt eigentlich zu allem.

Rote Currypaste
Sambal kunyit meraj

für 1 Schraubglas à 250 ml

10 kleine rote Chilischoten
2 Schalotten
4 Knoblauchzehen
2 Stängel Zitronengras
je ½ TL Gewürznelkenpulver, gemahlener Kreuzkümmel und Kardamom
1 EL Laospulver (im Asia-Shop)
1 TL gemahlene Muskatblüte
1 EL gemahlener Koriander
1 TL gemahlener Zimt
1 TL Shrimp-Paste (Trasi)
3 EL Erdnussöl

Die Chili halbieren und entkernen, das weiße Fruchtfleisch entfernen, die Schoten fein würfeln. Schalotten und Knoblauch fein hacken. Das Zitronengras waschen, trocken tupfen und klein schneiden.
Alle Zutaten im Mixer oder mit dem Pürierstab pürieren, bis sich eine sämige Paste ergibt. In ein Schraubglas füllen, verschließen und im Kühlschrank aufbewahren – die Paste hält sich bis zu einer Woche.

Sie können die Currypaste zum Weiterverarbeiten für andere Gerichte verwenden. Rösten Sie dazu 1 TL Paste in Erdnussöl an und verarbeiten Sie sie zu Currygerichten.
Wenn Sie die Currypaste nicht ganz so scharf zubereiten möchten, entfernen Sie nach Belieben die besonders scharfen Kerne der Chilischoten.

Gelbe Currypaste
Sambal kunyit

für 1 Schraubglas à 250 ml

200 g kleine aromatische Tomaten
4 kleine rote Chilischoten
4 Schalotten
8 Knoblauchzehen
4 cm Ingwerwurzel
4 Kerzennüsse
¼ TL gemahlener Kurkuma
1 TL Koriandersamen
4 EL Kokosnussöl
1 TL Tamarindenmark
4 Salamblätter
1 Stängel Zitronengras

Die Tomaten blanchieren, häuten, entkernen und fein würfeln. Die Chili halbieren und entkernen, das weiße Fruchtfleisch entfernen, die Schoten fein würfeln. Schalotten, Knoblauch und Ingwer schälen und fein würfeln. Die Kerzennüsse fein hacken. Alle diese Zutaten mit Kurkuma und Koriander vermengen.
Das Kokosnussöl erhitzen und die Masse unter ständigem Rühren etwa 10 Minuten braten. Das Tamarindenmark zugeben und die Salamblätter einlegen. Das Zitronengras waschen, mit dem Messerrücken zerdrücken und in drei Stücke schneiden. In den Wok geben und die Würzpaste damit aromatisieren. Mit Salz und Pfeffer würzen, abkühlen lassen. In ein Schraubglas füllen, verschließen und im Kühlschrank aufbewahren.
Passt zu Fisch-, Fleisch- und Gemüsegerichten.

Sambal aus Garnelenköpfen
Sambal kepala udang

für 2 Schraubgläser à 250 ml

10-12 frische Garnelenköpfe
2 Vogelaugenchili (Tabia Kerinyi)
2 Schalotten
2 Knoblauchzehen
2 cm Ingwerwurzel
4 EL Erdnussöl
1 TL Shrimp-Paste (Trasi)
1 TL gemahlener Koriander
1 TL gemahlener Kreuzkümmel
4 EL Tamarindensaft

Die Garnelenköpfe unter fließend kaltem Wasser gründlich waschen und in einem Sieb abtropfen lassen. Die Chili putzen, entstielen und mit Kernen fein hacken. Schalotten, Knoblauch und Ingwer schälen und fein hacken.
In einem Wok das Erdnussöl erhitzen, Schalotten, Chili, Knoblauch und Ingwer kräftig darin rösten. Mit Shrimp-Paste, ½ TL Salz, Koriander, Kreuzkümmel und Tamarindensaft würzen. Die Garnelenköpfe einlegen und unter häufigem Wenden gründlich braten. Den Wokinhalt einkochen, bis alle Flüssigkeit verdampft ist. Abkühlen lassen, in zwei Schraubgläser füllen, verschließen und im Kühlschrank aufbewahren – die Paste hält sich maximal zwei Tage.

Sie können dieses Sambal auch frisch vom Ofen genießen. Dazu einfach pro Portion eine Schale Reis mit dem Sambal belegen. Und nicht vergessen: Die Garnelenköpfe werden nicht mitgegessen.

Sambal mit gebratenen Garnelen
Sambal udang goreng

für 1 Schraubglas à 250 ml

250 g geschälte Garnelen
½ Limette (Saft)
3 Vogelaugenchili (Tabia Kerinyi)
4 Knoblauchzehen
2 cm Ingwerwurzel
3 EL Erdnussöl
1 TL Laospulver (im Asia-Shop)
100 ml Tamarindensaft
1 EL Palmzucker

Die Garnelen waschen, entdarmen, trocken tupfen und klein hacken. Mit Limettensaft beträufeln und kurz ziehen lassen. Die Chili putzen, entstielen und mit Kernen fein hacken. Knoblauch und Ingwer schälen und fein würfeln.
In einem Wok das Erdnussöl erhitzen, Knoblauch, Ingwer, Chili und Garnelen unter Rühren kräftig darin braten. Mit Laospulver, 1 TL Salz, Tamarindensaft und Palmzucker würzen. Insgesamt etwa 15 Minuten garen.
Entweder sofort zu Reis oder Currys servieren oder abkühlen lassen, in ein Schraubglas füllen, verschließen und im Kühlschrank aufbewahren – die Paste hält sich zwei bis drei Tage.

Satay-Sauce
Satay

für 1 Schraubglas à 250 ml

2 mittlere Zwiebeln
2 cm Ingwerwurzel
2 EL Erdnussöl
5 EL Erdnussmus (keine Peanutbutter)
3 TL gelbe Currypaste (Seite 62)
2 EL brauner Zucker
2 EL Sojasauce
1 Limette (Saft)
200 ml Kokosnussmilch (aus der Dose)

Die Zwiebeln hacken, den Ingwer schälen und fein reiben.
In einem Wok das Erdnussöl erhitzen und die Zwiebeln andünsten, bis sie leicht braun sind.
Erdnussmus, Currypaste und Ingwer einrühren, etwa 1 Minute weiterbraten.
Die Hitze reduzieren, Zucker, Sojasauce, Limettensaft und Kokosnussmilch einrühren, weitere 5 Minuten leise kochen. Nach Bedarf mit Salz abschmecken.
Entweder frisch aus dem Wok genießen oder abkühlen lassen, in ein Schraubglas füllen, verschließen und im Kühlschrank aufbewahren – die Paste hält sich etwa fünf Tage.

Grobe Erdnusssauce

Saus kacang kasar

für 1 Schraubglas à 250 ml

9 EL Erdnussöl
1 EL Knoblauchflocken
2 EL Zwiebelflocken
2 große getrocknete Chilischoten
1 TL Shrimp-Paste (Trasi)
½ Limette (Saft)
1 EL dunkle Sojasauce
250 g Erdnussbutter mit Stückchen
1 EL Palmzucker

In einem Wok 2 EL Erdnussöl erhitzen und die Knoblauchflocken einige Minuten rösten. Zum Entfetten auf Küchenpapier legen. 3 EL Öl in den sauberen Wok geben, die Zwiebelflocken rösten und ebenfalls auf Küchenpapier legen.
Im Wok 2 EL Öl erhitzen und die Chili rundum braten, bis sie sich aufblähen. Herausnehmen, kurz abkühlen lassen, die Stiele entfernen und die Schoten fein hacken.
Im Wok 2 EL Öl erhitzen und die Shrimp-Paste kräftig rösten. Mit Limettensaft und Sojasauce verrühren. Den Wok vom Herd nehmen, die Erdnussbutter untermischen, und alles abkühlen lassen.
Palmzucker, Knoblauch- und Zwiebelflocken sowie die Chili unterrühren. In ein Schraubglas füllen, verschließen und im Kühlschrank aufbewahren.

Auf dieser Basis ist schnell eine Kokosnusssauce hergestellt. Dazu ein Drittel der Sauce im Wok erhitzen und mit 500 ml Kokosnussmilch aufkochen.

Schnelle Erdnusssauce
Saus kacang

In einem Wok 2 EL Erdnussöl erhitzen und die Zwiebelflocken goldgelb rösten. Zum Entfetten auf Küchenpapier legen. Den Knoblauch fein hacken.
Im Wok das restliche Öl erhitzen, Knoblauch, Shrimp-Paste und Sambal ulek unter Rühren 2 Minuten darin braten. Mit Erdnussbutter und 200 ml Wasser vermengen. Mit ½ TL Salz, Sojasauce, Palmzucker und Limettensaft würzen. Die Sauce vom Herd nehmen, nochmals kräftig durchrühren und die Zwiebelflocken unterheben. Zimmerwarm genießen.
Passt gut zu Grillgerichten oder zu Saté-Spießen.

4 EL Erdnussöl
1 EL Zwiebelflocken
1 Knoblauchzehe
½ TL Shrimp-Paste (Trasi)
1 EL Sambal ulek (Seite 58)
4 EL Erdnussbutter
2 EL dunkle Sojasauce
1 EL Palmzucker
½ Limette (Saft)

Milde Erdnusssauce
Sauc kacang halus

In einem Topf die Erdnussbutter mit 250 ml Wasser bei schwacher Hitze cremig rühren. Mit Knoblauch, Sojasauce, Palmzucker und Shrimp-Paste würzen. Den Topf vom Herd nehmen und die Kokosnussmilch rasch einrühren.

Diese schnell zubereitete Sauce ist sehr mild. Natürlich kann man sie mit Chilipulver entsprechend nachschärfen.

8 EL Erdnussbutter
½ TL zerdrückter Knoblauch
2 EL dunkle Sojasauce
1 EL Palmzucker
1 TL Shrimp-Paste (Trasi)
100 ml Kokosnussmilch

Sambal für Geflügel
Sambal untuk masakan unggas

für 1 Schraubglas à 250 ml

8 Vogelaugenchili (Tabia Kerinyi)
8 Schalotten
8 Knoblauchzehen
5 cm Ingwerwurzel
5 cm Großer Galgant (Laoswurzel)
5 cm Kleiner Galgant (Kencurwurzel)
5 Kerzennüsse
2 Stängel Zitronengras
4 EL Erdnussöl
3 EL Palmzucker
4 Salamblätter

Die Chili putzen und entkernen. Schalotten, Knoblauch, Ingwer, Großen und Kleinen Galgant schälen und grob würfeln. Die Kerzennüsse vierteln. Diese Zutaten im Mixer grob pürieren. Das Zitronengras waschen, mit dem Messerrücken zerdrücken und in drei Stücke schneiden.
In einem Wok das Erdnussöl erhitzen und das Püree mit Palmzucker, Zitronengras und Salamblättern unter ständigem Rühren etwa 10 Minuten braten. Abkühlen lassen.
Entweder direkt zum Marinieren verwenden oder in ein Schraubglas füllen, verschließen und im Kühlschrank aufbewahren – die Paste hält sich gut eine Woche.

Mit dieser Paste können Sie Geflügelfleisch von Pute bis Hähnchen marinieren – mindestens einige Stunden, am besten einen Tag ziehen lassen. Danach entweder grillen oder in einem Curry mit Sauce garen.

Sambal für Gemüse
Sambal lalapan

für 1 Schraubglas à 250 ml

4 Chilischoten
8 Schalotten
8 Knoblauchzehen
etwa 8 cm Kurkumawurzel
etwa 20 cm Großer Galgant (Laoswurzel)
4 Kerzennüsse
4 EL Erdnussöl
2 Stängel Zitronengras
2 Salamblätter
2 EL dunkle Sojasauce

Die Chili putzen und entkernen. Schalotten, Knoblauch, Kurkumawurzel und Großen Galgant schälen und grob würfeln. Die Kerzennüsse vierteln. Diese Zutaten mit 1 EL Erdnussöl im Mixer grob pürieren. Das Zitronengras waschen, mit dem Messerrücken zerdrücken und in drei Stücke schneiden.
In einem Wok das restliche Öl erhitzen und das Püree mit Zitronengras und Salamblättern unter ständigem Rühren etwa 10 Minuten braten. Mit ½ TL grob gemahlenem schwarzem Pfeffer und Sojasauce würzen. Entweder sofort weiterverwenden oder abkühlen lassen, in ein Schraubglas füllen, verschließen und im Kühlschrank aufbewahren.

Zitronengras dient dem Aromatisieren von Speisen. Die Stängel sollten nicht, können aber mitgegessen werden.

Sambal für Fleisch
Sambal untuk masakan daging

für 1 Schraubglas à 250 ml

5 Chilischoten
5 Schalotten
5 Knoblauchzehen
10 cm Ingwerwurzel
10 cm Großer Galgant (Laoswurzel)
5 Kerzennüsse
1 EL schwarze Pfefferkörner
1 EL Koriandersamen
4 EL Erdnussöl
5 EL Palmzucker
2 Salamblätter

Die Chili putzen und entkernen. Schalotten, Knoblauch, Ingwer und Großen Galgant schälen. Die Kerzennüsse vierteln. Diese Zutaten mit Pfefferkörnern, Koriander sowie 1 EL Erdnussöl im Mixer grob pürieren.
In einem Wok das restliche Öl erhitzen und das Püree unter ständigem Rühren etwa 10 Minuten braten. Zwischendurch den Palmzucker hinzufügen und die Salamblätter einlegen. Abkühlen lassen, in ein Schraubglas füllen, verschließen und im Kühlschrank aufbewahren.
Für Rind-, Schweine- und Entenfleisch verwenden.

Eine Würzpaste zum Marinieren, aber auch als Sambal zu den verschiedensten Fleischgerichten.

Sambal für Meeresfrüchte und Fisch
Sambal untuk udang dan ikan

für 1 Schraubglas à 250 ml

10 große rote Chilischoten
10 Schalotten
5 Knoblauchzehen
15 cm Ingwerwurzel
15 cm Kurkumawurzel
10 Kerzennüsse
1 EL Koriandersamen
1 EL Shrimp-Paste (Trasi)
4 EL Erdnussöl
2 Stängel Zitronengras
2 Salamblätter
2 EL Tamarindensaft

Die Chili putzen, entstielen und entkernen. Schalotten, Knoblauch, Ingwer und Kurkumawurzel schälen und grob schneiden. Die Kerzennüsse vierteln. Diese Zutaten mit Koriander, Shrimp-Paste und 1 EL Erdnussöl im Mixer fein pürieren.
Das restliche Öl erhitzen und das Püree unter mehrmaligem Rühren etwa 5 Minuten braten. Das Zitronengras waschen, trocken tupfen und klein schneiden, die Salamblätter in Streifen schneiden. Beides mit dem Tamarindensaft untermischen und gründlich abkühlen lassen.
Entweder sofort verwenden oder in ein Schraubglas füllen, verschließen und im Kühlschrank aufbewahren – die Paste hält sich bis zu einer Woche.

Chili-Sambal
Sambal cabe

für 1 Schraubglas à 250 ml

20 Vogelaugenchili (Tabia Kerinyi)
8 EL Erdnussöl
1 EL Shrimp-Paste (Trasi)

Die Chili putzen und entstielen. Das Erdnussöl erhitzen und die Shrimp-Paste kräftig rösten. Die Chili hinzufügen und unter ständigem Rühren 1 Minute braten. Mit ½ TL Salz würzen und abkühlen lassen. In ein Schraubglas füllen, verschließen und im Kühlschrank aufbewahren.
Diese Chili-Mischung eignet sich besonders für Tofu-Gerichte, aber auch als Dip. Vorsicht, scharf!

Vogelaugenchili in Sojasauce
Mata burung bumbu kecap

für 1 Schraubglas à 250 ml

10 Vogelaugenchili (Tabia Kerinyi)
5 EL süße dunkle Sojasauce
5 EL helle Sojasauce

Die Chili putzen, entstielen und quer in Scheibchen schneiden. Mit den beiden Sojasaucen locker vermengen. In ein Schraubglas füllen, verschließen und im Kühlschrank aufbewahren.
Beliebt als Tischwürze oder zum Würzen bereits im Wok.

Geröstete Kokosnussflocken mit Erdnüssen
Serundeng

1 Schalotte
1 Knoblauchzehe
2 cm Ingwerwurzel
200 g Kokosnussflocken
2 EL Erdnussöl
1 TL Shrimp-Paste (Trasi)
1 TL gemahlener Koriander
1 TL gemahlener Kreuzkümmel
½ Limette (Saft)
200 g ungesalzene, geröstete Erdnüsse

Schalotte, Knoblauch und Ingwer schälen und fein hacken. Mit den Kokosnussflocken locker vermengen.
Das Erdnussöl erhitzen und die Shrimp-Paste unter ständigem Rühren 2 Minuten rösten. Die Kokosmischung einstreuen und etwa 10 Minuten goldbraun rösten. Zwischendurch mit Koriander, Kreuzkümmel, 1 TL Salz und Limettensaft würzen.
Abkühlen lassen und erst dann die Erdnüsse untermischen.
Diese Beilage wird auf Bali gerne zu Reisgerichten serviert oder als Garnitur über fertige Gerichte gegeben.

Auf Bali können Sie bereits frittierte, mit Knoblauch und Chili gewürzte, aber ungesalzene Erdnüsse kaufen. Diese auf ein Backblech geben und bei 180° C rösten, bis sie duften. Kurz abkühlen lassen, die Schalen abreiben und die Erdnüsse nach Bedarf oder Geschmack grob bis klein hacken.

Gebratene Schalotten
Bawang goreng

für 1 Schraubglas à 250 ml

10 Schalotten
6 EL Erdnussöl

Die Schalotten halbieren und in hauchdünne, gleichmäßige Streifen schneiden. Mindestens eine Stunde zum Trocknen auf Küchenpapier legen.
Anschließend in einem Wok das Erdnussöl erhitzen und die Schalotten goldbraun rösten. Alles in ein Haarsieb geben und etwa 30 Minuten abtropfen lassen. Auf Küchenpapier auslegen und weitere 10 Minuten trocknen lassen.
In ein Schraubglas füllen, verschließen und im Kühlschrank aufbewahren.

Lässt sich gut vorbereiten und in einem luftdichten Glas etwa zwei Wochen lagern. Gebratene Schalotten werden in Schälchen zu den vielfältigen Speisen am Tisch gereicht, aber auch gerne zum Garnieren verwendet.

Suppen
Sup

Frühmorgens essen die Balinesen, wie alle Asiaten, bereits Suppe, Reis, Nudeln, Fleisch und Gemüse. Auch für Touristen stehen in den Hotels am Frühstücksbüfett Mie Goreng (gebratene Nudeln mit Allerlei), Nasi Goreng (gebratener Gemüsereis), Gemüse und Suppen bereit. Alles ist gut gewürzt, besonders mit Chili. Und das ist gut so, denn in Asien braucht es die Schärfe, um mit der Hitze besser fertig zu werden.

Klare Rindfleischbrühe
Kaldu daging sapi

500 g Rindfleisch (Bug)
ein paar Rinderknochen
2 Stängel Zitronengras
4 Zitronenblätter
2 Salamblätter
1 EL grob gemahlener schwarzer Pfeffer
1 TL Salz
200 g Sambal für Fleisch (Seite 70)

Fleisch und Knochen unter fließend kaltem Wasser gründlich waschen und in einen Topf geben. Mit kaltem Wasser bedecken und zum Kochen bringen.
Währenddessen Zitronengras, -blätter und Salamblätter waschen, das Zitronengras mit dem Messerrücken zerdrücken.
Sobald das Wasser kocht, abgießen, Fleisch und Knochen abspülen und erneut mit etwa 3 l kaltem Wasser aufkochen. Alle Zutaten in den Topf rühren, Fleisch und Knochen bei mittlerer Hitze etwa zwei Stunden leise kochen. Dabei auftretenden Schaum immer wieder abschöpfen.
Sobald das Fleisch gar ist, es aus dem Topf nehmen und erkalten lassen. Die Brühe durch ein Haarsieb passieren.

Das erkaltete Rindfleisch in feinste Streifen schneiden. Entweder als Suppeneinlage mit Gemüsestreifen und Nudeln genießen oder portionsweise einfrieren und für ein gemischtes Reisgericht verwenden, etwa gebratenen Gemüsereis (Seite 92).

Rinderbrühe mit Kutteln
Soto Babat

Kutteln sind nicht jedermanns Sache, aber auf Bali ist diese Suppe eine Spezialität.

500 g küchenfertige Rinderkutteln (beim Fleischer vorbestellen)
2 Schalotten
2 Knoblauchzehen
4 cm Ingwerwurzel
1 Stängel Zitronengras
1 l klare Rindfleischbrühe (Seite 77)
1 TL weiße Essigessenz
4 EL gebratene Schalotten (Seite 74) für die Suppeneinlage

Die Rinderkutteln in kaltem Wasser so lange wässern, bis das Wasser klar bleibt. Dann in einen Topf geben, mit Salz bestreuen und mit etwa 2 l kaltem Wasser zum Kochen bringen. Bei mittlerer Hitze in etwa einer Stunde gar kochen.

Währenddessen Schalotten, Knoblauch und Ingwer schälen und in feine Streifen schneiden. Das Zitronengras waschen und mit dem Messerrücken zerdrücken.

Die Kutteln abgießen, mit sehr kaltem Wasser abschrecken und gründlich abtropfen lassen. In etwa 1 cm breite Streifen oder 2 x 1 cm große Rechtecke schneiden.

Die Brühe mit der Essigessenz und den übrigen Zutaten zum Kochen bringen. Die geschnittenen Rinderkutteln einlegen und bei mittlerer Hitze etwa 10 Minuten ziehen lassen.

In Suppenschalen füllen und mit je 1 EL gebratener Schalotten garnieren.

Rindfleischsuppe mit Blumenkohl
Sup daging sapi dan kembang kol

500 g Rinderbrust
2 Schalotten
2 Knoblauchzehen
1 Stängel Zitronengras
5 Gewürznelken
½ TL schwarze Pfefferkörner
1 TL gemahlener Kreuzkümmel
¼ TL gemahlene Muskatblüte
1 TL Koriandersamen
100 g Eiernudeln
500 g Blumenkohl

Die Rinderbrust waschen, in einen Topf legen und mit knapp 2 l kaltem Wasser aufgießen. Nach dem ersten Aufkochen eventuell auftretenden Schaum abschöpfen.
Schalotten und Knoblauch grob würfeln. Das Zitronengras waschen, mit dem Messerrücken zerdrücken und halbieren. Diese Zutaten mit den Gewürzen in den Topf geben und mitkochen – die Garzeit von Rindfleisch beträgt etwa eine Stunde.
Das fertige Fleisch aus der Brühe nehmen und kurz ruhen lassen. Die Eiernudeln mit kochendem Wasser übergießen und 10 Minuten einweichen. Den Blumenkohl putzen und in kleine Stücke hacken.
Die Brühe durch ein mit einem Tuch ausgelegtes Sieb gießen und erneut zum Kochen bringen. Das Fleisch in feine Streifen schneiden. Mit dem Blumenkohl und den Eiernudeln in die Brühe geben und einige Minuten leise kochen. Nochmals abschmecken und servieren.

Papayasuppe
Sup pepaya

1 l feine Hühnerbrühe (Seite 81)
4 EL Sambal für Gemüse (Seite 69)
500 g reife süße Papaya
1 TL gemahlener Kurkuma
4 EL gebratene Schalotten (Seite 74) zum Garnieren

Die Brühe zum Kochen bringen und das Sambal kräftig unterrühren. Die Hitze reduzieren und die Suppe etwa 10 Minuten leise kochen.
Die Papaya schälen, längs halbieren, die Kerne entfernen und das Fruchtfleisch in gleich große, mundgerechte Stücke schneiden. In die Suppe rühren und nur leicht erhitzen. Mit Salz, Pfeffer und Kurkuma würzen.
In Suppenschalen füllen und mit gebratenen Schalotten garnieren.

Würzige Suppe mit Reisfeld-Schnecken
Sup keong sawah

Manche Gerichte kann man nur »vor Ort« authentisch genießen – so auch diese Suppe. Dazu sammeln die Reisbauern in ihren Feldern kleine Schnecken. Für die »europäische« Variante können Weinbergschnecken verwendet werden. Die Balinesen fischen in den Reisfeldern aber auch kleine Fische – es tummelt sich so allerhand in dem fast knietiefen Wasser, in dem die Reispflanzen gedeihen.

1 l feine Hühnerbrühe (Seite 81)
200 g Sambal für Gemüse (Seite 69)
3 Salamblätter
1 Dose Weinbergschnecken (etwa 20 Stück)
4 EL gebratene Schalotten (Seite 74) für die Suppeneinlage

Die Brühe mit Sambal verquirlen und zum Kochen bringen. Die Salamblätter waschen und einlegen. Die Weinbergschnecken abtropfen lassen und 1 bis 2 EL Schneckenwasser in die Suppe rühren. Die Schnecken in kleine gleichmäßige Stücke schneiden.
Die Suppe mit Salz und 1 TL grob gemahlenem schwarzem Pfeffer würzen. Die Schnecken einlegen und bei schwacher Hitze etwa 10 Minuten ziehen lassen.
In jede Suppenschale 1 EL gebratene Schalotten geben und mit Suppe auffüllen.

Variante
Sie können die Suppe zusätzlich mit frisch geschnittenen Gemüsestreifen und Nudeln variieren.

Feine Hühnerbrühe
Soto ayam

1 küchenfertiges Huhn (etwa 1 kg)
1 TL schwarze Pfefferkörner
2 Schalotten
4 Knoblauchzehen
4 cm Ingwerwurzel
1 Stängel Zitronengras
100 g Eiernudeln
100 g frische Sojabohnensprossen

Das Huhn in vier Teile schneiden und unter fließend kaltem Wasser gründlich waschen. Mit 1 EL Salz und Pfefferkörnern in einen Topf legen. Mit kaltem Wasser bedecken und zum Kochen bringen. Währenddessen Schalotten, Knoblauch und Ingwer schälen und grob würfeln. Das Zitronengras waschen, mit dem Messerrücken zerdrücken und halbieren.
Sobald das Wasser aufkocht, den entstehenden Schaum abschöpfen. Knoblauch, Schalotten, Ingwer und Zitronengras einrühren. Die Hühnerteile bei mittlerer Hitze in etwa 50 Minuten garen.
Die Eiernudeln mit heißem Wasser begießen und etwa 10 Minuten einweichen. Die Sojabohnensprossen waschen und abtropfen lassen.
Die Hühnerteile aus der Brühe nehmen, entbeinen, enthäuten und in kleine Stücke schneiden.
Die Brühe durch ein mit einem Tuch ausgelegtes Sieb gießen und nochmals zum Kochen bringen. Nudeln, Sojabohnensprossen und Hühnerfleischwürfel einlegen. Nach Bedarf nochmals abschmecken und servieren.
Nach Belieben mit gebratenen Schalotten (Seite 74) und frisch gehackten Frühlingszwiebeln garnieren.

Scharf gewürzte Hühnerbrühe
Soto ayam pedas

1 küchenfertiges Huhn (etwa 1 kg)
1 TL schwarze Pfefferkörner
2 Zitronenblätter
2 Salamblätter
2 Schalotten
2 Chilischoten (Tabia Lombok)
4 Knoblauchzehen
4 cm Ingwerwurzel
3 EL Erdnussöl
1 TL Shrimp-Paste (Trasi)
1 TL gemahlener Kurkuma
1 EL gemahlener Koriander
1 EL gemahlener Kreuzkümmel
1 TL gemahlener Fenchel
½ TL gemahlener weißer Pfeffer
½ TL geriebene Muskatnuss
1 Limette (Saft)

zum Garnieren:
4 hart gekochte Eier
4 EL gebratene Schalotten (Seite 74)
Sambal ulek (Seite 58) oder Sambal bajak (Seite 59)

Das Huhn in vier Teile schneiden und unter fließend kaltem Wasser gründlich waschen. Mit 1 EL Salz und Pfefferkörnern in einen Topf legen und mit kaltem Wasser bedecken. Zitronen- und Salamblätter waschen und einlegen. Die Schalotten nicht schälen, aber grob würfeln und einrühren. Die Hühnersuppe nach dem ersten Aufkochen bei mittlerer Hitze etwa 50 Minuten leise kochen.

Währenddessen die Chili halbieren und entkernen, das weiße Fruchtfleisch entfernen, die Schoten fein würfeln. Knoblauch und Ingwer schälen und fein hacken.

Die fertig gegarten Hühnerteile aus der Brühe nehmen, enthäuten, entbeinen und in gleich große Stücke schneiden. Die Brühe durch ein mit einem Tuch ausgelegtes Sieb gießen und zur Seite stellen.

In einem breiten Topf das Erdnussöl erhitzen, Knoblauch, Ingwer und Chili unter Rühren darin andünsten. Die Shrimp-Paste hinzufügen und mitbraten. Alle Gewürze zugeben und unter Rühren einige Minuten braten. Mit Limettensaft ablöschen und mit Brühe aufgießen. Nach dem ersten Aufkochen die würzige Brühe einige Minuten »auskochen«.

Nochmals abschmecken und die Fleischwürfel einlegen. Die Eier pellen, fein hacken und in Suppenschalen verteilen. Mit heißer Brühe aufgießen und mit gebratenen Schalotten garnieren. Die Sambals zum eigenen Würzen getrennt dazu reichen.

Varianten
Die würzige Hühnersuppe lässt sich mit Eiernudeln, Sojabohnensprossen oder anderen Gemüsen variieren.

Festliche Hühnersuppe
Sup ayam istimewa

Zu bestimmten Tempelfesten sind Hahnenkämpfe erlaubt. Balinesische Männer züchten und pflegen sogenannte Kampfhähne für diesen noch vorhinduistischen Brauch, die Götter mit einem Blutopfer zu besänftigen. Überall auf Bali können Sie auf dem Boden hockende Männer beobachten, die ihren Kampfhahn liebevoll für den Wettkampf vorbereiten. Bei einem Hahnenkampf bekommt der Gewinner den Hahn des Verlierers.

1 küchenfertiges Huhn (etwa 1 kg)
1 EL frischer Limettensaft
5 EL Sambal für Geflügel (Seite 68)
1 TL schwarze Pfefferkörner
2 Salamblätter
1 Stängel Zitronengras

Das Huhn in vier Teile schneiden – möglichst viel Fleisch herausschneiden, da nur Knochen und Häute gekocht werden. Das Fleisch sehr fein hacken, mit Limettensaft vermischen und zur Seite stellen.
Knochen und Häute in kaltem Wasser so lange wässern, bis das Wasser klar bleibt. Dann mit 1 TL Salz und Pfefferkörnern in einen Topf geben und mit 2 Liter kaltem Wasser aufgießen. Nach dem ersten Aufkochen die Hitze reduzieren und die Hühnerteile etwa 40 Minuten kochen.
Die Brühe durch ein mit einem Tuch ausgelegtes Sieb gießen und erneut zum Kochen bringen. Das Sambal in ein Tuch wickeln, zubinden und als Aromaträger in die Suppe geben. Die Hitze reduzieren und die Brühe insgesamt etwa 15 Minuten leise kochen. Die Salamblätter waschen. Das Zitronengras waschen und mit dem Messerrücken zerdrücken. Beides mit dem Fleisch in die Brühe rühren.
Kurz vor dem Servieren die Salamblätter, das Sambal-Tuch und das Zitronengras entfernen.

Garnelensuppe mit Auberginen
Sup udang dan terung

200 g geschälte Garnelen
1 aromatische Tomate (etwa 100 g)
1 Vogelaugenchili (Tabia Kerinyi)
2 Schalotten
2 Knoblauchzehen
2 EL Erdnussöl
2 Salamblätter
800 ml feine Hühnerbrühe (Seite 81)
250 ml Kokosnussmilch (aus der Dose)
250 g Aubergine
1 TL Palmzucker

Die Garnelen waschen, entdarmen, trocken tupfen und fein hacken. Die Tomate blanchieren, häuten, entkernen und fein würfeln. Die Chili putzen, entstielen und entkernen, die Schote fein würfeln. Schalotten und Knoblauch fein hacken.
In einem breiten Topf das Erdnussöl erhitzen, Schalotten, Knoblauch und Chili darin andünsten. Tomatenstücke hinzufügen und unter Rühren 2 Minuten braten. Garnelen und Salamblätter einlegen, weitere 2 Minuten braten und erst dann mit Brühe sowie Kokosnussmilch aufgießen. Nach dem ersten Aufkochen die Suppe bei mittlerer Hitze etwa 20 Minuten leise kochen.
Die Aubergine waschen, in gleichmäßig kleine Stücke schneiden und in der Suppe garen. Kurz vor dem Servieren die Suppe mit Palmzucker, Salz und grob gemahlenem schwarzem Pfeffer abschmecken.

Varianten
Statt der Aubergine kann man Schlangenbohnen oder Kürbisstücke mitkochen.

Schwarze Bohnensuppe
Sup kacang hitam

1 l feine Hühnerbrühe (Seite 81)
150 g schwarze Bohnen (aus der Dose)
2 Chilischoten
2 Schalotten
2 Knoblauchzehen
2 EL Erdnussöl
1 TL Shrimp-Paste (Trasi)
1 Stängel Zitronengras
2 Salamblätter
1 TL getrocknete Zesten von Orangen (siehe Tipp)
2 Frühlingszwiebeln zum Garnieren

Die Brühe zum Kochen bringen. Die Bohnen in einem Sieb waschen, hineingeben und bei mittlerer Hitze etwa 10 Minuten leise kochen. Währenddessen die Chili halbieren und entkernen, das weiße Fruchtfleisch entfernen, die Schoten fein würfeln. Schalotten und Knoblauch hacken.
In einem breiten Topf das Erdnussöl erhitzen, Knoblauch, Schalotten und Chili darin andünsten. Die Shrimp-Paste mitbraten und alles mit 1 TL Salz und ½ TL Pfeffer würzen. Den Topfinhalt mit der Bohnensuppe aufgießen. Das Zitronengras waschen und mit dem Messerrücken zerdrücken. Die Salamblätter waschen. Beides mit den Orangenzesten zum Aromatisieren in die Bohnensuppe geben und alles weitere 10 Minuten leise kochen.
Kurz vor dem Servieren nochmals abschmecken und mit in Streifen geschnittenen Frühlingszwiebeln garnieren.

Tipp
Falls Sie keine getrockneten Orangenzesten zur Verfügung haben, einfach mit einem Zestenreißer Streifen von einer frischen Orangenschale ziehen.

Nudelsuppe mit Fleischklößchen
Mie bakso

100 g Weißkohlblätter
2 Möhren
1 rote Chilischote
4 Schalotten
2 Knoblauchzehen
4 cm Ingwerwurzel
2 EL Sojaöl
1½ l Hühnerbrühe
225 g Hackfleisch vom Rind
1 Eiweiß
1 EL Maismehl
1 TL gemahlener Koriander
100 g dünne Eiernudeln
1 EL süße dunkle Sojasauce
6 EL Röstzwiebeln

Den Weißkohl putzen und in 1 cm breite Streifen schneiden. Die Möhren schaben und in streichholzartige Stifte schneiden. Die Chili halbieren und entkernen, das weiße Fruchtfleisch entfernen, die Schoten schräg in feine Streifen schneiden. Die Streifen in Eiswasser legen und zur Seite stellen. Schalotten, Knoblauch und Ingwer schälen und fein würfeln.

In einem großen Topf das Sojaöl erhitzen, Schalotten, Knoblauch und Ingwer 2 bis 3 Minuten darin dünsten. 1 EL der Mischung herausnehmen und zur Seite stellen. Die Möhren etwa 5 Minuten mitbraten, die Kohlstreifen untermischen und nach weiteren 3 Minuten mit der Brühe ablöschen. Alles gut verrühren und erneut zum Kochen bringen.

Währenddessen das Hackfleisch in eine Schüssel geben, die zur Seite gestellte Mischung, Eiweiß und Maismehl hinzufügen, mit Koriander, Salz und Pfeffer würzen. Zu einem Teig verkneten und etwa 20 walnussgroße Bällchen formen. Die Fleischbällchen in die kochende Suppe einlegen und bei schwacher Hitze 4 bis 5 Minuten ziehen lassen. Zuletzt die Nudeln zugeben und bissfest garen.

Den Topf vom Herd nehmen, mit Sojasauce und Salz abschmecken. Die Chilistreifen abtropfen lassen und die Suppe mit Chilistreifen und Röstzwiebeln bestreut servieren.

Reisgerichte
Nasi dan sayur

Im Mittelpunkt der Verehrung ihrer Götter steht Dewi Śri, die Reisgöttin, die gleichzeitig die Lebensenergie verkörpert. Und so startet man den Tag auf Bali zunächst mit einer Opfergabe an die Götter, noch bevor das eigene Frühstück eingenommen wird. Nach dem Gang zum Markt, wo die Zutaten für die weiteren Speisen des Tages jeweils frisch eingekauft werden, beginnen die oft langwierigen, aber liebevollen Zubereitungen der Speisen. Und natürlich steht der Reis im Mittelpunkt – eine Mahlzeit ohne Reis wird immer nur als Imbiss zwischendurch betrachtet.

Das Grundnahrungsmittel Reis nährt in den Augen der Balinesen nicht nur den Körper, sondern auch die Seele. Für Balinesen ist eine Mahlzeit ohne Reis keine Mahlzeit. Nasi, das asiatische Wort für gekochten Reis, bedeutet auch Mahlzeit. Reis bedeutet Leben, Zufriedenheit und Glück. Reis bedeutet Überleben.

Duftender Kokosnussreis
Nasi gurih

Die Salam- und die Pandanusblätter waschen. In einem Topf alle Zutaten gründlich verrühren, aufkochen und langsam den Reis einstreuen. Sobald er kocht, den Topf verschließen, die Hitze reduzieren und den Reis etwa 20 Minuten dämpfen.
Den Topf vom Herd nehmen und den Reis mit einer Gabel durchrühren. Zugedeckt weitere 5 Minuten nachdämpfen.
Dazu schmecken Saté mit Schweinefleisch (Seite 145) oder trockenes Rindfleischcurry (Seite 155).

2 Salamblätter
2 Pandanusblätter
1 l Kokosnussmilch (aus der Dose)
1 TL Salz
½ TL gemahlener schwarzer Pfeffer
½ TL gemahlene Muskatblüte
¼ TL Gewürznelkenpulver
400 g Langkornreis

Festlicher gelber Reis
Nasi kuning istimewa

Dieser gelbe, glänzende Reis wird an Festtagen serviert – Gelb ist eine der heiligen vier Farben.

Zwiebel und Knoblauch fein würfeln. In einem breiten Topf das Erdnussöl erhitzen und beides glasig dünsten. Salam- und Pandanusblätter waschen, einlegen und alles mit Kokosnussmilch und Brühe aufgießen. Mit Kurkuma und 1 EL Salz würzen und aufkochen. Erst dann langsam den Reis einstreuen. Sobald er kocht, den Topf verschließen, die Hitze reduzieren und den Reis etwa 20 Minuten dämpfen.
Den Topf vom Herd nehmen und den Reis mit einer Gabel durchrühren. Zugedeckt weitere 5 Minuten nachdämpfen.
Dazu passen Sambal von gebratenen Chili (Seite 59) oder Sambal aus Garnelenköpfen (Seite 63).

1 große Zwiebel
2 Knoblauchzehen
2 EL Erdnussöl
2 Salamblätter
2 Pandanusblätter
1 l Kokosnussmilch
200 ml feine Hühnerbrühe (Seite 81)
1 TL gemahlener Kurkuma
500 g Langkornreis

Einfacher weißer Reis
Nasi putih

Auf Bali wird Reis nach der Absorptionsmethode oder durch Dämpfen zubereitet. Das Kochen in Wasser und anschließendes Abgießen würde nicht die richtige körnige Struktur und das perlengleiche Aussehen ergeben.
Diese weit verbreitete indonesische Köstlichkeit gibt es auch auf Bali, denn viele Balinesen betreiben einen Warung. An diesen festen Straßenständen wird je nach Nationalität der Verkäufer Kulinarisches aus Bali, Java, den Philippinen oder Indien miteinander verbunden.

500 g Langkornreis

In einem Topf die »rohen« Reiskörner mit 600 ml Wasser und Salz vermischen. Den Topf schließen und den Inhalt aufkochen. Sobald er kocht, die Hitze reduzieren und den Reis bei schwacher Hitze zugedeckt in etwa 20 Minuten fertig »dämpfen«.
Den Topf vom Herd nehmen und den Reis mit einer Gabel durchrühren. Zugedeckt 5 bis 10 Minuten nachziehen lassen.

Im Prinzip ist nichts so leicht wie Reiskochen – allerdings kennen die Indonesier ebenso viele verschiedene Weisen, ihn zuzubereiten, wie etwa die Europäer für Kartoffeln.
Es empfiehlt sich, Reis in einem Topf vorzugaren und dann in einem Bambussieb zu dämpfen. Wer oft Reis isst, sollte einen der meist aus Japan importierten elektrischen Reiskocher anschaffen, die in fast allen Asia-Shops erhältlich sind.
Langkorn- oder Patnareis findet in der indonesischen Küche am häufigsten Verwendung; wer es sich bequem machen will, greift zu Reis im Kochbeutel, der in der Regel jedoch teurer ist. Keinesfalls sollte sogenannter Milchreis verwendet werden, außer zur Not bei Rezepten, die Rundkorn- oder Klebreis vorschreiben.

Wer etwas weicheren Reis bevorzugt, dessen Körner nicht so aneinandergepresst sind, kann die Wassermenge um 100 ml erhöhen.

Variante
Reisreste werden für Nasi goreng (Seite 92) mit den unterschiedlichsten Zutaten verwendet.

Gewürzter Kokosnussreis
Nasi uduk

1 Zwiebel
3 Knoblauchzehen
1 Stängel Zitronengras
1 l Kokosnussmilch (aus der Dose)
1 TL gemahlener Kurkuma
1 TL gemahlener Koriander
1 TL gemahlener Kreuzkümmel
2 TL Salz
½ TL gemahlener weißer Pfeffer
½ TL Shrimp-Paste (Trasi)
400 g Langkornreis

Zwiebel und Knoblauch fein würfeln. Das Zitronengras waschen, mit dem Messerrücken zerdrücken und in drei Stücke schneiden.
In einem Topf alle Zutaten gründlich verrühren, aufkochen und langsam den Reis einstreuen. Sobald er kocht, den Topf verschließen, die Hitze reduzieren und den Reis etwa 20 Minuten dämpfen.
Den Topf vom Herd nehmen und den Reis mit einer Gabel durchrühren. Zugedeckt weitere 5 Minuten nachdämpfen.
Dazu passt gegrilltes Würzhuhn (Seite 140).

Gebratener Gemüsereis
Nasi goreng

Tausend balinesische Köche, tausend unterschiedliche Nasi goreng – denn gebratener Reis ist normalerweise ein Restegericht. Und wer weiß schon, was jeder für »Reste« sein Eigen nennt?

800 g Gemüse (Weißkohl, Zucchini, Bohnen)
2 Schalotten
2 Knoblauchzehen
3 EL Erdnussöl
2 EL Sambal für Gemüse (Seite 69)
500 g gekochter Reis vom Vortag
2 Eier

Das Gemüse putzen, waschen und klein schneiden: Weißkohl in dünne Streifen, Zucchini in halbe Scheibchen, Bohnen in Hälften. Schalotten und Knoblauch fein würfeln.
In einem Wok das Erdnussöl erhitzen, Schalotten und Knoblauch darin anbraten. Das Sambal zugeben und alles 2 Minuten braten. Das Gemüse einlegen und weitere 4 Minuten braten.
Den Reis untermischen und den Wokinhalt kräftig durchschwenken – der Reis soll richtig durchgebraten werden. Zuletzt die Eier mit 1 TL Salz verschlagen und über den Wokinhalt geben. Alles stocken lassen, kräftig durchmischen und sofort servieren.

Gemüsegerichte
Masakan sayur

Den meisten Balinesen würde es vermutlich nicht schwerfallen, als Vegetarier zu leben, da zu fast jeder Mahlzeit eine Art Gemüseplatte ohne Sauce gehört: Die verschiedenen rohen oder gekochten Gemüse werden in Sambal getaucht. Denn Gemüse werden in Bali nie allein serviert. Sie dienen fast immer als Beilage – meistens zum Reis. Im Gegensatz zur europäischen Küche werden auf Bali die Gemüse sehr weich gekocht und nie »al dente« serviert. Wie alle anderen Zutaten auch, werden die Gemüse separat neben dem Reis serviert. Auch wenn die Balinesen – wie die Europäer – das Gemüse am liebsten warm verzehren, gelingt ihnen das selten, da auf Bali keine festen Essenszeiten existieren und das Gemüse im Laufe des Tages, wie auch alles andere, erkaltet.

Wasserkresse in süßer Sauce
Kangkung kecap

Die asiatische Wasserkresse (kangkung) ist ein sehr beliebtes Gemüse, das vielfache Anwendung in den unterschiedlichsten Gerichten findet. Da es bei uns nicht so ohne Weiteres erhältlich ist, kann man als Ersatz Mangold, Spinat, Chicoree oder Chinakohl nehmen.

800 g Wasserkresse oder andere Blattgemüse
1 Vogelaugenchili (Tabia Kerinyi)
2 Schalotten
2 Knoblauchzehen
4 cm Ingwerwurzel
4 EL Erdnussöl
1 EL Shrimp-Paste (Trasi)
2 EL Palmzucker
1 TL Laospulver (im Asia-Shop)
500 ml Kokosnussmilch (aus der Dose)

Das Gemüse putzen, waschen und in Streifen schneiden. Die Chili putzen, entstielen und fein hacken. Schalotten, Knoblauch und Ingwer schälen und fein würfeln.
In einem Wok das Erdnussöl erhitzen und die Shrimp-Paste unter Rühren 1 Minute braten. Schalotten, Knoblauch, Ingwer und Chili hinzufügen und kurz rühren. Das Blattgemüse zugeben, einige Male durchschwenken und dabei mit Palmzucker, Laospulver und 1 TL Salz würzen. Zuletzt die Kokosnussmilch zugießen und das Gemüse bei schwacher Hitze in etwa 15 Minutengaren.
Dazu schmeckt Reis, aber es passen auch Nudeln.

Pfannkuchen mit Mais
Perkedel jagung

250 Gemüsemais (aus der Dose)
2 Schalotten
2 Knoblauchzehen
150 g Reismehl
150 g Weizenmehl
1 Päckchen Backpulver
1 TL gemahlener Koriander
½ TL gemahlener Kreuzkümmel
½ TL Chilipulver
½ TL Shrimp-Paste (Trasi)
1 Ei
½ Limette (Saft)
250 ml Erdnussöl

Die Maiskörner gründlich abtropfen lassen. Schalotten und Knoblauch sehr fein hacken. Das Reismehl mit Weizenmehl, Backpulver, ½ TL Salz, Koriander, Kreuzkümmel, Chilipulver und Shrimp-Paste gründlich vermischen. Nach und nach 150 ml Wasser, das Ei, Limettensaft, Maiskörner, Schalotten und Knoblauch unterrühren.
In einer größeren Pfanne das Erdnussöl erhitzen. Den Teig esslöffelweise in das heiße Fett geben, mit dem Löffelrücken platt drücken, anbacken und mit einem Pfannenheber wenden.
Die goldbraunen Pfannkuchen zum Entfetten auf Küchenpapier legen. Möglichst warm genießen.

Sollten Sie kein Reismehl zur Verfügung haben, so können Sie auch nur Weizenmehl verwenden.

Variante
Die würzigen Pfannkuchen können auch gut mit Pfannengemüse belegt werden – und schmecken wunderbar mit allen Ihnen verfügbaren Sambals.

Auberginen in Sauce
Gulai terung

500 g Auberginen
8 Kerzennüsse
2 EL Erdnussöl
1 TL Shrimp-Paste (Trasi)
½ TL Laospulver (im Asia-Shop)
1 TL Sambal ulek (Seite 58)
2 EL dunkle Sojasauce
500 ml Kokosnussmilch (aus der Dose)

Die Auberginen waschen und in gleich große, mundgerechte Stücke schneiden. Leicht gesalzenes Wasser aufkochen und die Auberginen 2 Minutengaren. Abgießen, mit kaltem Wasser abschrecken und gründlich abtropfen lassen. Die Kerzennüsse sehr fein hacken.
In einem Wok das Erdnussöl erhitzen und die Shrimp-Paste unter Rühren braten. Kerzennüsse, Laospulver, 1 TL grob gemahlener schwarzer Pfeffer, Sambal ulek und Sojasauce einrühren. Nach etwa 1 Minute die Auberginenstücke hinzufügen, kurz braten und alles mit Kokosnussmilch begießen. Bei schwacher Hitze etwa 10 Minuten leise kochen.
Dazu schmecken Krabbenchips (Seite 111), festlicher gelber Reis (Seite 89) oder Nudeln.

Kohl in Chili-Kokos-Milch
Gulai kol pedas

750 g Kohl (etwa Chinakohl, Weißkohl)
3 Chilischoten (Tabia Lombok)
2 kleine Zwiebeln
2 Knoblauchzehen
2 Curryblätter
½ ungespritzte Zitrone
2 EL Erdnussöl
500 g Kokosnussmilch
2 EL Tamarindensaft

Den Kohl putzen, in etwa ½ cm breite Streifen schneiden, waschen und abtropfen lassen. Die Chili halbieren und entkernen, das weiße Fruchtfleisch entfernen, die Schoten in sehr dünne Streifen schneiden. Zwiebeln und Knoblauch in schmale Streifen schneiden. Die Curryblätter waschen. Die Zitrone heiß waschen, mit Küchenpapier fest abreiben, die Schale (ohne weiße Innenhaut) in sehr dünne Streifen schneiden.
In einem größeren Wok das Erdnussöl erhitzen, Zwiebel, Knoblauch und Chili darin anbraten. Die Kohlstreifen hinzufügen, den Wokinhalt mehrmals schwenken und gut vermengen. Mit 1 TL Salz würzen, Curryblätter und Zitronenschalenstreifen einlegen und alles mit Kokosnussmilch aufgießen. Die Kohlstreifen in wenigen Minuten bissfest garen. Mit Tamarindensaft würzen und servieren.
Dazu schmeckt festlicher gelber Reis (Seite 89) sehr gut.

Ananas-Curry
Kare nenas

Die Ananas schälen, vierteln, entstrunken und das Fruchtfleisch in gleichmäßig kleine Stücke schneiden. Die Chili halbieren und entkernen, das weiße Fruchtfleisch entfernen, die Schoten fein würfeln. Zwiebeln und Knoblauch fein würfeln.
In einem Wok das Erdnussöl erhitzen, Chili, Knoblauch und Zwiebel darin andünsten. Zimt, Nelken, Kardamom, Koriander, Kreuzkümmel und 1 TL Salz zugeben. Alles 1 Minute braten, dann mit Kokosnussmilch aufgießen. Die Ananasstücke hinzufügen, mit Palmzucker süßen, abschmecken und servieren.
Dazu schmeckt einfacher weißer Reis (Seite 90).

1 kleine, süße Ananas
2 Chilischoten (Tabia Lombok)
2 kleine Zwiebeln
2 Knoblauchzehen
3 EL Erdnussöl
1 Zimtstange
4 Gewürznelken
4 zerdrückte Kardamomkapseln
2 TL gemahlener Koriander
1 TL gemahlener Kreuzkümmel
400 g Kokosnussmilch
1 EL Palmzucker

Sternfrüchte in würziger Sauce
Belimbing kuah pedas

Genauso wie die Blätter der Sternfrüchte auf Bali zum Kochen verwendet werden, gibt es ein süß-würziges »Fast Food« mit der Sternfrucht, die auch Karambole genannt wird.

Die Sternfrüchte waschen und mit Küchenpapier trocken reiben. Quer in etwa ½ cm große (Stern-)Scheiben und diese in kleinere, mundgerechte Stücke schneiden.
Die Kokosnussmilch mit Würzpaste und Sojasaucen verrühren und erhitzen. Die Fruchtstückchen hinzufügen, nur kurz erwärmen und in eine Servierschale füllen.
Mit gerösteten Kokosnussflocken bestreuen.

6 Sternfrüchte (etwa 500 g)
500 ml Kokosnussmilch
100 g balinesische Würzpaste (Seite 60)
2 EL süße dunkle Sojasauce
2 EL helle Sojasauce
2 EL geröstete Kokosnussflocken mit Erdnüssen (Seite 73) zum Garnieren

Schlangenbohnen in Chilisauce
Sambal kacang panjang

In asiatischen Ländern existiert eine Bohnensorte, die sich durch ihre Länge auszeichnet – deshalb werden sie Schlangenbohnen genannt.

800 g Schlangenbohnen (im Asia-Shop)
2 Stängel Zitronengras
4 Salamblätter
500 ml Kokosnussmilch
100 g Sambal für Gemüse (Seite 69)
2 EL gebratene Schalotten (Seite 74) zum Garnieren

Die Schlangenbohnen putzen, waschen und quer in 2 bis 3 cm große Stücke schneiden. Das Zitronengras waschen, mit dem Messerrücken zerdrücken und halbieren. Die Salamblätter waschen.
In einem breiten Topf oder einem Wok Kokosnussmilch und Sambal verrühren. Salamblätter und Zitronengras einlegen, aufkochen, mit Salz und 1 TL grob gemahlenem schwarzem Pfeffer würzen. Die Schlangenbohnen einlegen und bei mittlerer Hitze in etwa 10 Minuten garen. Nochmals abschmecken, in eine Servierschüssel füllen und mit gebratenen Schalotten bestreuen.
Das Gemüse passt zu jeder Art von Fleisch und Fisch. Vegetarier essen dazu Reis.

Gemüse in Kokosnusssauce

Sayur lodeh

800 g gemischtes Gemüse (Zucchini, Brokkoli, Blumenkohl, Chinakohl)
200 g Tomaten
4 Schalotten
2 Knoblauchzehen
2 Stängel Zitronengras
3 EL Erdnussöl
1 TL Sambal ulek (Seite 58)
500 ml Hühnerbrühe
500 ml Kokosnussmilch (aus der Dose)
3 EL Erdnusssauce nach Wahl (Seiten 66-77)
2 EL dunkle Sojasauce

Das Gemüse putzen, waschen und in gleich große, mundgerechte Stücke schneiden. Die Tomaten blanchieren, häuten, entkernen und würfeln. Schalotten und Knoblauch fein würfeln. Das Zitronengras waschen, mit dem Messerrücken zerdrücken und in kleinere Stücke schneiden.

In einem Wok das Erdnussöl erhitzen, Schalotten, Knoblauch und Sambal ulek unter Rühren darin braten. Das Zitronengras einlegen und alles mit Brühe aufkochen. Die Hitze reduzieren, Kokosnussmilch einrühren, mit Erdnusssauce, 1 TL Salz und Sojasauce würzen. Erst jetzt Gemüse und Tomatenwürfel hineinlegen. Einige Minuten leise kochen, nochmals abschmecken und servieren.

Dazu schmeckt einfacher weißer Reis (Seite 90).

Wokgerührtes Gemüse
Sayur campur tumis

800 g Gemüse (Bohnen, Bohnensprossen, Zucchini, Kürbis)
1 große Zwiebel
5 cm Ingwerwurzel
4 Salamblätter
3 EL Erdnussöl
1 EL rote Currypaste (Seite 61)
2 EL helle Sojasauce
1 EL Palmzucker

Die Gemüse putzen, waschen und in gleich große Stücke schneiden: Bohnen halbieren, Bohnensprossen vollständig lassen, Zucchini und Kürbis in Scheiben schneiden. Zwiebel und Ingwer schälen und fein würfeln. Die Salamblätter waschen.

In einem Wok das Erdnussöl erhitzen und die Currypaste unter Rühren braten. Zwiebel und Ingwer zugeben und rühren. Nach und nach die Gemüse untermischen, mit Sojasauce und Palmzucker würzen, die Salamblätter hineingeben. Das Gemüse leicht garen – es soll knackig sein.

Dazu Kokosnussreis (Seiten 89 und 91) servieren.

Gemüsesalat in Erdnusssauce
Gado-gado

500 g gekochte Pellkartoffeln
500 g Bohnen
250 g Bohnensprossen
2 Möhren
250 g Weißkohl
100 ml Erdnusssauce nach Wahl (Seiten 66-67)
3 EL gebratene Schalotten (Seite 74) zum Garnieren

Die Kartoffeln pellen und in halbe Scheiben schneiden. Die Bohnen putzen, je nach Größe halbieren oder dritteln und in kochendem Salzwasser blanchieren. Abgießen, mit kaltem Wasser abschrecken und im Sieb abtropfen lassen. Die Bohnensprossen verlesen, gründlich waschen und trocken tupfen. Die Möhren schaben und in streichholzartige Stifte schneiden. Den Weißkohl putzen und in feinste Streifen hobeln.
Diese Zutaten auf einer Servierplatte anrichten und löffelweise mit Erdnusssauce überziehen. Mit gebratenen Schalotten garnieren und sofort servieren.
Dazu schmecken Krabbenchips (Seite 111).

Gemüse mit Kokosnuss
Urap I

250 g frische Bambusschösslinge
250 g grüne Bohnen
250 g Möhren
250 g Bohnensprossen
200 g Kokosnussraspel
2 Schalotten
2 Knoblauchzehen
2 EL Erdnussöl
1 TL Shrimp-Paste (Trasi)
½ TL Sambal ulek (Seite 58)
1 Limette (Saft)

Die Bambusschösslinge klein schneiden. Die Bohnen putzen, je nach Größe halbieren oder dritteln und in kochendem Salzwasser blanchieren. Abgießen, mit kaltem Wasser abschrecken und im Sieb abtropfen lassen. Die Möhren schaben, längs vierteln und in Scheiben schneiden. Die Bohnensprossen waschen und abtropfen lassen. Alle Gemüse auf einer Platte anrichten.
Die Kokosnussraspel mit 150 ml heißem Wasser begießen. Schalotten und Knoblauch fein würfeln.
Das Erdnussöl erhitzen und die Shrimp-Paste unter Rühren braten. Mit Schalotten, Knoblauch, Sambal ulek, Salz und Limettensaft unter den Kokosnussbrei rühren. Die Mischung auf dem Gemüse verteilen und sofort servieren.
Dazu schmeckt festlicher gelber Reis (Seite 89).

Gemischtes Gemüse mit Kokosnuss
Urap II

Obwohl das Gemüse blanchiert und das Dressing gebraten wurde, ist der Salat wohltemperiert.

250 g Schlangenbohnen (im Asia-Shop)
250 g Sojabohnensprossen
250 g Spinat
2 Chilischoten (Tabia Lombok)
4 Schalotten
2 Knoblauchzehen
4 EL Erdnussöl
2 Zitronenblätter
½ TL brauner Zucker
1 Limette (Saft)

Die Schlangenbohnen putzen, waschen und quer in etwa 3 cm große Stücke schneiden. Die Sojabohnensprossen waschen und abtropfen lassen. Den Spinat verlesen und putzen. Schlangenbohnen und Spinatblätter separat in kochendes Salzwasser geben, etwa 2 Minuten aufwallen lassen, abgießen und wiederum separat mit eiskaltem Wasser abschrecken.
Die Chili putzen und in Scheiben schneiden. Schalotten und Knoblauch in feinste Streifen schneiden. Die Zitronenblätter waschen und in Streifen schneiden.
2 EL Erdnussöl erhitzen, Chili, Schalotten und Knoblauch unter Rühren einige Minuten darin braten. Zum Abkühlen auf einen Teller legen.
Das restliche Öl mit Salz, grob gemahlenem schwarzem Pfeffer, Zucker und Limettensaft gründlich verrühren. In einer Schüssel alle Zutaten locker vermengen und vor dem Servieren bei Zimmertemperatur etwa 30 Minuten ziehen lassen.

Würziger Frucht-und-Gemüse-Salat
Rujak buah

Rujak steht auf der kulinarischen Hitliste weit oben. Das Original wird auch gerne mit unreifen Früchten zubereitet. Auf Bali gibt es Rujak an jedem Straßenimbiss zu kaufen. Das Besondere daran ist die Mischung aus süß, sauer, fruchtig, leicht – ideal bei heißen Temperaturen.

1 Grapefruit
1 Orange
2 grüne, säuerliche Äpfel
1 Salatgurke
2 Sternfrüchte
1 kleine Ananas oder Babyananas
1 reife, duftende Mango
½ TL Shrimp-Paste (Trasi)
1 TL Sambal ulek (Seite 58)
1 EL Palmzucker
2 EL dunkle Sojasauce
1 Limette (Saft)

Grapefruit und Orange schälen, am besten in Filets zerteilen und das restliche Fruchtfleisch als Saft darüberträufeln. Die Äpfel schälen, entkernen und in gleichmäßige Spalten zerlegen. Die Gurke schälen, längs halbieren, entkernen und in schmale Halbmonde schneiden. Die Sternfrüchte waschen, mit Küchenpapier trocken reiben und in schmale Scheibchen schneiden. Die Ananas schälen, vierteln, entstrunken und in mundgerechte Stückchen teilen. Die Mango schälen, das Fruchtfleisch vom Kern befreien und klein schneiden.

Aus Shrimp-Paste, Sambal ulek, Palmzucker, Sojasauce und Limettensaft ein Dressing rühren. In einer Schüssel alle Zutaten gründlich vermischen und bei Zimmertemperatur etwa 30 Minutenziehen lassen.

Kokos-Gurken in Brühe
Ketimun masak santan

Die Gurken schälen, längs halbieren, entkernen und in schmale Halbmonde schneiden. Die Chili halbieren und entkernen, das weiße Fruchtfleisch entfernen, die Schoten in Streifen schneiden. Schalotten und Knoblauch in Streifen schneiden.
In einem Wok das Erdnussöl erhitzen, Chili, Schalotten und Knoblauch unter Rühren darin braten. Mit Shrimp-Paste vermischen und mit Kokosnussmilch aufgießen. Einige Minuten leise kochen, dabei mit Salz, grob gemahlenem schwarzem Pfeffer und Sojasauce würzen. Zuletzt die Gurken einlegen und nur noch ziehen lassen.
Nochmals abschmecken, in Schalen verteilen und mit je 1 EL gebratener Schalotten servieren.

2 Salatgurken
2 rote Chilischoten (Tabia Bali)
4 Schalotten
4 Knoblauchzehen
4 EL Erdnussöl
1 TL Shrimp-Paste (Trasi)
500 ml Kokosnussmilch (aus der Dose)
2 EL helle Sojasauce
4 EL gebratene Schalotten (Seite 74) zum Garnieren

Gebackener Tofu mit Sojasauce
Tahu goreng kecap

Sojabohnen sind billig, leicht zu ziehen und reich an Proteinen, Vitaminen und Kohlehydraten. Da sie schwer verdaulich sind, werden sie fermentiert und zu Tofu, Tempe, Tauco und Kecap verarbeitet.
Tofu ist eine chinesische Errungenschaft. Er wird aus pürierten Sojabohnen hergestellt und zu großen rechteckigen Platten gepresst, von denen bei Bedarf 5 cm große Stücke abgeschnitten werden. Damit er nicht austrocknet, wird Tofu in mit wenig Wasser gefüllten Plastiktüten verkauft. Im Kühlschrank hält er sich zwar einige Tage, sollte aber bald verbraucht werden. Tofu wird auch gebraten angeboten; durch das Braten wird er trockener, verliert an Volumen, erhält eine gelbliche statt seiner weißen Farbe und eine dicke, weiche Kruste.

150 g Sojabohnensprossen
4 Frühlingszwiebeln
800 g Tofu
500 ml Erdnussöl zum Frittieren

für die Sauce:
2 Schalotten
1 Knoblauchzehe
1 TL Sambal ulek (Seite 58)
4 EL dunkle Sojasauce
2 EL Palmzucker

Die Sojabohnensprossen waschen und abtropfen lassen. Die Frühlingszwiebeln putzen und fein würfeln. Den Tofu in gleichmäßig kleine mundgerechte Stücke schneiden.
Für die Sauce Schalotten und Knoblauch grob zerkleinern. Mit Sambal ulek, Sojasauce und Palmzucker im Mixer pürieren.
Die Tofustücke in heiß siedendem Erdnussöl portionsweise schwimmend knusprig und goldbraun backen. Herausnehmen und zum Entfetten auf Küchenpapier legen.
Mit Sojabohnensprossen und Frühlingszwiebeln anrichten. Die Sauce getrennt dazu reichen.

Fisch und Meeresfrüchte
Ikan dan udang

Die Gewässer rund um die Insel sind reich an Fischen und Meeresfrüchten, allerdings essen die Balinesen eher wenig davon. Möglicherweise liegt es daran, dass das Meer als Heimat der Unterwelt-Dämonen gilt. Nüchtern betrachtet wohl einfach an den fehlenden Kühlmöglichkeiten in balinesischen Häusern, denn die Krabben, Garnelen und Fische, die täglich auf dem Markt am Strand von Jimbaran angeboten werden, lassen an Qualität nichts zu wünschen übrig.

Krabbenchips
Kerupuk udang

Teigplatten (im Asia-Shop)

In ganz Asien sind diese Garnelencracker (Krupuk, Kroepoek) aus einer Mischung von Stärkemehl und getrockneten, gemahlenen Shrimps äußerst beliebt. Der gebackene Teig ist so luftig, dass die Waffeln auf der Zunge richtig »bizzeln«. Leider lässt sich der Teig nicht so ohne Weiteres selbst herstellen. Man kann sich behelfen mit frischen Teigplatten, die in einem großen Topf mit reichlich Platz in heißem Frittierfett bei 180° C schwimmend gebacken werden. Bereits innerhalb weniger Sekunden blähen sich die Teigplatten auf die doppelte Größe auf. Man nimmt sie möglichst mit einer Zange aus dem Frittierfett und legt sie zum Entfetten auf Küchenpapier.
Sind die Cracker wegen längerer Lagerzeit feucht geworden, sollten Sie alle aus der Packung nehmen und im offenen vorgeheizten Ofen bei etwa 100° C vortrocknen. Würden Sie feuchte Cracker in heißes Frittierfett geben, so gingen sie zum einen nicht schön auf bzw. blähten sich auf doppelte Größe auf, zum anderen würde die Feuchtigkeit im Fett heftig spritzen.

Würziger Tintenfisch
Cumi masak pedas

800 g Babytintenfische
1 Limette (Saft)
1 EL helle Sojasauce
weißer Pfeffer
2 Chilischoten
4 Schalotten
1 Stängel Zitronengras
2 EL Erdnussöl
1 EL balinesische Würzpaste (Seite 60)
250 ml Hühnerbrühe
3 EL gebratene Schalotten (Seite 74) zum Garnieren

Die Tintenfische unter fließend kaltem Wasser gründlich säubern und trocken tupfen. Mit Limettensaft und Sojasauce beträufeln, mit weißem Pfeffer würzen.
Die Chili putzen, entstielen und in Scheiben schneiden. Die Schalotten fein würfeln. Das Zitronengras waschen und mit einem Messerrücken zerdrücken.
In einem Wok das Erdnussöl erhitzen, Schalotten, Chili und Tintenfische unter ständigem Rühren etwa 3 Minuten darin braten. Die Würzpaste hinzufügen und alles weitere 2 Minuten braten. Mit Brühe ablöschen und das Zitronengras einlegen. Bei schwacher Hitze noch einige Minuten ziehen lassen. Zum Servieren mit gebratenen Schalotten garnieren.
Dazu passt festlicher gelber Reis (Seite 89) oder Kokosnussreis (Seiten 89 und 91).

Gebratener Chili-Tintenfisch

Sambal cumi-cumi pedis

600 g küchenfertige Tintenfische
2 große getrocknete Chilischoten
8 Vogelaugenchili (Tabia Kerinyi)
1 Zwiebel
4 Knoblauchzehen
½ TL Shrimp-Paste (Trasi)
5 EL Erdnussöl
5 EL Tamarindensaft
2 EL Palmzucker

Die Tintenfische säubern und in dünne Ringe schneiden. Die Chili in kochendem Wasser etwa 10 Minuten einweichen. Die Vogelaugenchili nur waschen. Zwiebel und Knoblauch grob würfeln.

Die eingeweichten Chili kurz abtropfen lassen und mit Zwiebel, Knoblauch, Shrimp-Paste und ¼ TL Salz im Mixer grob pürieren.

In einem Wok das Erdnussöl erhitzen und das Püree unter ständigem Rühren braten, bis es eine dunkelrote Farbe annimmt. Dann Tintenfischringe, Vogelaugenchili (im Ganzen) sowie Tamarindensaft hinzufügen und bei mittlerer Hitze einige Minuten garen. Zuletzt den Palmzucker einrühren.

Dazu schmeckt einfacher weißer Reis (Seite 90).

Die ganzen Vogelaugenchili dienen dem Aromatisieren beim Braten, sie müssen nicht gegessen werden. Ansonsten zum »Löschen« Eiswasser, Kokosnussraspel, kalten Naturjoghurt und Palmzucker oder braunen Zucker bereithalten.

Tintenfisch-Curry
Gulai cumi-cumi

600 g küchenfertiger Tintenfisch
1 Limette (Saft)
2 Schalotten
2 Knoblauchzehen
2 cm Ingwerwurzel
4 Kerzennüsse
1 Stängel Zitronengras
1 TL Shrimp-Paste (Trasi)
1 TL Chilipulver
500 ml Kokosnussmilch
1 EL Palmzucker

Den Tintenfisch säubern, in mundgerechte Stückchen schneiden und mit Limettensaft beträufeln. Schalotten, Knoblauch und Ingwer schälen und mit den Kerzennüssen grob reiben. Das Zitronengras waschen, mit dem Messerrücken zerdrücken und in drei Stücke schneiden. Alle diese Zutaten – außer dem Tintenfisch – mit Shrimp-Paste, 1 TL Salz, Chilipulver und Kokosnussmilch im Wok verrühren und aufkochen. Bei mittlerer Hitze einige Minuten leise offen kochen. Erst dann die Tintenfischstücke sowie den Palmzucker einrühren und alles weitere 5 Minuten ziehen lassen.
Ein schnelles Gericht, das mit Gemüse und Reis sehr gut schmeckt.

Tipp
Statt Tintenfisch gemischte Meeresfrüchte oder Garnelen verwenden.

Würzige Garnelenspießchen
Saté udang I

für 12 Stück

800 g geschälte Garnelen
8 Knoblauchzehen
2 Stängel Zitronengras
1 Limette (Saft)
2 EL süße dunkle Sojasauce
2 EL balinesische Würzpaste (Seite 60)

12 lange Holzspieße

Die Garnelen waschen, entdarmen und trocken tupfen. Knoblauch längs halbieren. Das Zitronengras waschen, mit dem Messerrücken zerdrücken und in drei Stücke schneiden.
Limettensaft mit 1 EL grob gemahlenem schwarzem Pfeffer, Sojasauce und Würzpaste gründlich verrühren und mit Garnelen, Knoblauch und Zitronengras vermischen. Mit Folie abdecken und mindestens eine Stunde im Kühlschrank ziehen lassen.
Garnelen, Knoblauch und Zitronengras abwechselnd auf Spieße stecken. In eine Grillschale legen und über Holzkohlenfeuer unter mehrmaligem Wenden grillen.

Tipp
Sie können die Spieße auch im vorgeheizten Ofen bei 200° C (Umluft 180° C) mit Grillstufe grillen. Wenn Sie die Holzspieße 10 bis 15 Minuten in kaltes Wasser einlegen, verbrennen sie über dem Grill nicht so leicht.

Gegrillte Garnelenspieße
Saté udang II

800 g geschälte Garnelen
1 Limette (Saft)
2 Knoblauchzehen
250 ml Kokosnussmilch (aus der Dose)
1 TL Sambal ulek (Seite 58)
1 TL Shrimp-Paste (Trasi)
2 EL dunkle Sojasauce
1 EL Palmzucker

in Wasser eingeweichte Bambus- oder Holzspieße, oder Stängel Zitronengras

Die Garnelen waschen, entdarmen, trocken tupfen und mit Limettensaft beträufeln. Den Knoblauch mit 1 TL Salz im Mörser zerreiben. Mit den übrigen Zutaten gründlich verrühren. Die Garnelen darin einlegen und mindestens 30 Minuten marinieren.
Etwa drei Garnelen auf einen Spieß stecken und auf einem Holzkohlengrill rundherum etwa 15 Minuten grillen – oder auf einem mit Erdnussöl ausgestrichenen Backblech im vorgeheizten Ofen bei 200° C mit Grillstufe unter mehrmaligem Wenden etwa 10 Minuten.
Die Marinade kurz aufkochen und in einem Schüsselchen dazu servieren.

Tipp
Die Spieße mindestens eine Stunde in kaltes Wasser legen, so können sie auf dem Grill nicht verbrennen.

Sternfruchtblätter mit Garnelen
Masakan daun belimbing dan udang

Karambole, jene süßlich und pikant sauer schmeckenden Früchte, die vorwiegend in Asien heimisch sind, haben mehr zu bieten als nur die Beeren. In Bali werden die Blätter von Sternfruchtbäumen gegessen. Nicht unbedingt roh, aber im Wok, gut gewürzt und mit anderen Zutaten wie Fleisch oder Fisch, schmecken sie wunderbar. Als Ersatz kann Mangold, Spinat oder Chinakohl verwendet werden.

250 g Sternfruchtblätter
250 g Sambal mit gebratenen Garnelen (Seite 64)
500 ml Kokosnussmilch
¼ TL gemahlenes Currypulver
250 g Sternfrüchte

Die Sternfruchtblätter waschen und in kochendes Salzwasser geben. Nach dem ersten Aufkochen 3 Minuten aufwallen lassen, mit kaltem Wasser abschrecken und im Sieb abtropfen lassen.
In einem Wok das Sambal unter Rühren erhitzen und mit Kokosnussmilch aufgießen. Bei mittlerer Hitze etwa 5 Minuten leise kochen, dabei mit grob gemahlenem schwarzem Pfeffer und Currypulver abschmecken.
Den Wok vom Herd nehmen und die Sternfruchtblätter unterziehen. Auf Teller oder Schalen verteilen.
Falls Sternfrüchte zur Hand sind, waschen, in Scheiben schneiden und zum Garnieren verwenden. Dazu gebratenen Reis servieren.

Garnelencurry
Gulai udang goreng

500 g frische Garnelen
2 rote Chilischoten
1 Zwiebel
2 Knoblauchzehen
6 Curryblätter
2 EL Erdnussöl
1 TL Sambal ulek (Seite 58)
½ TL Laospulver (im Asia-Shop)
100 ml Kokosnussmilch
1 TL Palmzucker

Die Garnelen schälen, am Rücken entlang einschneiden, waschen und entdarmen. Garnelenköpfe und -schalen waschen und mit 400 ml kaltem Wasser zum Kochen aufsetzen. Nach dem ersten Aufkochen bei schwacher Hitze etwa 10 Minuten leise kochen.

Währenddessen die Chili putzen, entstielen und fein würfeln. Zwiebel und Knoblauch fein würfeln. Die Curryblätter waschen. Die Garnelenbrühe durch ein Haarsieb passieren.

In einem Wok das Erdnussöl erhitzen, Curryblätter, Zwiebel, Knoblauch und Chili einige Minuten darin braten. Sambal ulek und Laospulver zugeben und mitbraten. Die Garnelen kurz darin schwenken und von allen Seiten kräftig braten. Mit Garnelenbrühe und Kokosnussmilch aufgießen und bei schwacher Hitze leise kochen, bis die Sauce sämig ist und sich das Öl am Wokrand absetzt. Mit ½ TL Salz und Palmzucker würzen.

Dazu schmeckt einfacher weißer Reis (Seite 90).

Variante
Falls Sie geschälte Garnelen verwenden, 1 TL Shrimp-Paste (Trasi) mitbraten und 300 ml Kokosnussmilch verwenden.

Riesengarnelen in Limetten-Chili-Sauce
Udang galah asam manis

12 geschälte Riesengarnelen
2 Limetten (Saft)
150 g grüne Papaya
6 verschiedene Chilischoten (von mild bis feurig scharf)
2 Schalotten
4 Knoblauchzehen
1 Stängel Zitronenbasilikum
1 Stängel Zitronengras
4 EL Erdnussöl
1 EL balinesische Würzpaste (Seite 60)
150 ml Fischbrühe (aus dem Glas)
heißer Kokosnussreis (Seiten 89 und 91) zum Garnieren

Die Garnelen am Rücken entlang einschneiden, waschen, entdarmen und trocken tupfen. Mit zwei Dritteln des Limettensaftes beträufeln, mit Salz und Pfeffer würzen.
Das Papayafruchtfleisch in feinste Streifen zerteilen und mit dem restlichem Limettensaft beträufeln. Die Chili halbieren und entkernen, das weiße Fruchtfleisch entfernen, die Schoten in sehr feine Streifen schneiden. Schalotten und Knoblauch in hauchdünne Streifen schneiden. Das Zitronenbasilikum waschen, die Blätter abzupfen und in Streifen schneiden. Das Zitronengras waschen, mit dem Messerrücken zerdrücken und in drei Stücke schneiden.
In zwei Pfannen parallel Erdnussöl erhitzen. In einer Pfanne Schalotten, Knoblauch und Chili andünsten. In der zweiten Pfanne die Garnelen sanft anbraten, dabei mit Würzpaste und Zitronengras aromatisieren. Alles mit Brühe aufgießen und einige Minuten eindicken lassen.
Je drei Garnelen mit Sauce auf den heißen Kokosnussreis geben. Gemüsestreifen, Papayastreifen und Zitronenbasilikum vorsichtig vermengen und verteilen.

Kokosnusssalat mit King Prawns
Serundeng udang galah

12 geschälte Riesengarnelen
2 EL Sambal für Meeresfrüchte und Fisch (Seite 71)
1 frische Kokosnuss (siehe Tipp)
150 g Hähnchenbrust
2 Chilischoten
2 Schalotten
2 Knoblauchzehen
4 cm Ingwerwurzel
8 cm Kurkumawurzel
8 cm Kleiner Galgant (Kencurwurzel)
2 Zitronenblätter
5 EL Erdnussöl
½ TL grob zerstoßene Koriandersamen

Die Garnelen am Rücken entlang einschneiden, waschen, entdarmen und trocken tupfen. Mit Sambal vermengen und marinieren.
Die Kokosnuss quer halbieren, sowohl die Schale als auch das weiche Fleisch entfernen. Das Fruchtfleisch in kleinere Stücke schneiden und in heißem Wasser kochen, bis die Fasern zerfallen.
Die Hähnchenbrust sehr fein hacken. Die Chili halbieren und entkernen, das weiße Fruchtfleisch entfernen, die Schoten fein würfeln. Schalotten, Knoblauch, Ingwer, Kurkumawurzel und Kleinen Galgant schälen und fein würfeln. Die Zitronenblätter waschen und in hauchdünne Streifen schneiden.
In einem Wok 3 EL Erdnussöl erhitzen, Schalotten, Knoblauch, Chili, Ingwer, Kurkumawurzel und Kleinen Galgant einige Minuten darin braten. Hähnchenfleisch, ½ TL grob gemahlenen schwarzen Pfeffer und Koriander einrühren und unter Rühren einige Minuten weiterbraten. Die Kokosnussstreifen in ein Sieb abgießen und mit den Zitronenblättern untermischen. Den Wok zur Seite ziehen. Das restliche Öl erhitzen und die Garnelen von allen Seiten 3 bis 5 Minuten braten. Den Kokosnusssalat auf Portionsschalen verteilen und mit je drei Garnelen belegen.

Die Riesengarnelen lassen sich auch grillen, am besten über Holzkohle.

Tipp
Sollten Sie keine frische Kokosnuss bekommen, können Sie auf 400 g Papayafruchtfleisch ausweichen. 100 g Kokosnussraspel in einer ungefetteten Pfanne rösten, bis sie duften, und unter den Salat mengen. Sie sind jedoch kein wirklicher Ersatz für frische Kokosnuss.

Frittierter Wels mit Kokosnusssauce
Gulai lele goreng

1 kg küchenfertiger Wels (ohne Kopf)
1 Limette (Saft)
2 Stängel Zitronengras
800 ml Kokosnussmilch
200 g Chili-Sambal (Seite 72)
½ l Erdnussöl

Den Fisch unter fließend kaltem Wasser waschen, trocken tupfen und, je nach Größe, quer in Portionsstücke schneiden. Rundherum mit Limettensaft beträufeln, mit Salz und grob gemahlenem schwarzem Pfeffer einreiben.
Das Zitronengras waschen, mit dem Messerrücken zerdrücken und halbieren. Die Kokosnussmilch mit Sambal und Zitronengras bei mittlerer Hitze etwa 10 Minuten leise kochen.
In einem Wok das Erdnussöl heiß siedend erhitzen und die Fischstücke in etwa 10 Minuten rundherum knusprig frittieren. Herausnehmen, zum Entfetten auf Küchenpapier legen und auf einer Servierplatte anrichten. Löffelweise mit Kokosnusssauce überziehen.
Dazu passen Reis und gebratenes Gemüse.

Auf Bali leben diese kleinen Welse (mit einem Gewicht von etwa 300 g) in den überspülten Reisfeldern.
Für das Rezept können Sie auch andere kleine Fische wie Forellen, Barsche oder eben das Angebot des Tages, den »catch of the day«, verwenden.

Thunfisch-Salat
Sambal ikan tongkol

500 g küchenfertige Thunfischsteaks
2 Limetten (Saft)
3 EL balinesische Würzpaste (Seite 60)
3 EL Erdnussöl
½ rote Chilischote
1 rote Pfefferschote
4 Schalotten
2 Stängel Zitronengras
2 Salamblätter

Die Thunfischsteaks waschen, trocken tupfen und mit der Hälfte des Limettensafts beträufeln. Mit Salz und Pfeffer würzen, mit Würzpaste bestreichen.
In einer Pfanne das Erdnussöl erhitzen und die Thunfischsteaks bei starker Hitze auf beiden Seiten einige Minuten braten. Herausnehmen und abkühlen lassen.
Chili- und Pfefferschote halbieren und entkernen, das weiße Fruchtfleisch entfernen, die Schoten in sehr feine Streifen schneiden. Die Schalotten in feinste Streifen schneiden. Das Zitronengras waschen, dritteln und in feinste Streifen schneiden. Die Salamblätter waschen und in Streifen teilen.
Die abgekühlten Thunfischsteaks in dünne Fasern brechen und mit allen vorbereiteten Zutaten locker vermengen. Mit dem restlichen Limettensaft beträufeln, nach Geschmack nochmals mit Salz und Pfeffer abschmecken, in einer Schüssel servieren.
Dazu schmeckt heißer Reis.

Varianten
Sollten Sie keinen frischen Thunfisch zur Verfügung haben, Thunfisch aus der Dose (im eigenen Saft) gründlich abtropfen lassen und mit den Würzzutaten vermengen. Nicht braten.

Fisch mit Erdnusssauce
Ikan saus kacang

Die Fischsteaks waschen, trocken tupfen und mit Limettensaft beträufeln. Mit Salz und Pfeffer würzen.
In einem Wok das Erdnussöl erhitzen und die Fischsteaks auf beiden Seiten braun braten. Etwas Öl abgießen und alle Zutaten – außer dem Koriander – in den Wok rühren. Bei schwacher Hitze einige Minuten garen. Kurz vor dem Servieren den Koriander einrühren.
Mit Reis servieren.

4 Fischsteaks à 150 g
1 Limette (Saft)
4 EL Erdnussöl
4 EL helle Sojasauce
2 EL Erdnussmus
150 ml Kokosnussmilch (aus der Dose)
2 EL Tamarindensaft
1 EL gehackter frischer Koriander

Saté mit Fisch und Meeresfrüchten
Saté ikan dan udang

Das typische Aroma bekommen diese Spieße in Bali, da man sie über Kokosschalenfeuer grillt. Doch auch über Holzkohle gegrillt schmecken sie fantastisch.

Das Fischfilet waschen und trocken tupfen. Die Garnelen waschen, entdarmen und trocken tupfen. Die Chili putzen, entstielen und entkernen. Den Knoblauch mit 2 TL Salz im Mörser zerreiben. Die Zitronenblätter waschen und in hauchdünne Streifen schneiden.
Alle Zutaten im Mixer fein pürieren. Das Zitronengras waschen. Je 1 EL Fischpaste an das Ende eines Stängels pressen, mit den Händen rund formen und andrücken. Die fertigen Spieße auf einem Holzkohlengrill rundherum goldbraun grillen.
Dazu passen Reis, Gemüse, verschiedene Sambals und frische Früchte.

für 20 Spieße

250 g Red-Snapper-Filet
250 g geschälte Garnelen
4 Vogelaugenchili (Tabia Kerinyi)
1 Knoblauchzehe
1 TL grob gemahlener schwarzer Pfeffer
4 Zitronenblätter
1 EL brauner Zucker
5 EL Kokosnussmilch
5 EL Sambal für Meeresfrüchte und Fisch (Seite 71)

20 Stängel Zitronengras

Bananenblätter
Pepes

In ganz Asien ist es weit verbreitet, Speisen von Fisch bis Gemüse oder pikante Mischungen zum Garen und Servieren in Bananenblätter zu wickeln. Es sieht nicht nur dekorativ aus, sondern schützt auch das zu garende Gut vor der Glut, vor zu starker Hitze, vor dem Austrocknen und hält als Hülle die zu dämpfenden oder zu grillenden Lebensmittel gut unter Verschluss.
Bananenblätter sind auf Bali und in ganz Asien günstig, man bekommt sie quasi umsonst von der Staude, hier in Europa sind sie in Asia-Shops erhältlich.
Bananenblätter werden mit einem scharfen Messer von der Mittelrippe getrennt, die Blätter spalten sich dabei leicht. Die einzelnen Blätter unbedingt waschen und mit kochendem Wasser begießen, damit sie formbar werden – der Unterschied wird sofort in der Geschmeidigkeit sicht- und fühlbar. Anschließend werden die Blätter in Stücke geschnitten.

Es gibt verschiedene Arten, die Bananenblätter zu falten und zu verschließen:

1. Die optisch schönere, aber technisch schwierigere Variante: Ein quadratisch geschnittenes Bananenblatt mit einer Seitenlänge von etwa 15 cm auf den Tisch legen und die Zutaten in die Mitte geben. Die Längsseiten hochklappen und die beiden anderen Seiten mithilfe des rechten und linken Zeigefingers einfalten. Eine der beiden überstehenden Faltenenden nach vorne und die andere nach hinten klappen. Beidseitig mit einem Hölzchen oder Zahnstocher fixieren bzw. feststecken.
2. Die Bananenblätterportionen mit Füllung belegen, aufrollen und an den Enden mit Hölzchen feststecken.

Auf Bali ist es auch üblich, Reispäckchen aus Bananenblättern so mit Bambusschnüren zu verpacken, dass sie wie Geschenke aussehen. Aber im Prinzip ist es nur praktisch: Jajas, feuchte Reiskuchen (mit frischer Kokosnuss und Palmzuckersirup), werden in der natürlichen (Bananenblatt-)Verpackung geschützt und als Mahlzeit zum Beispiel mit aufs Feld genommen.

Gegrillter Fisch im Bananenblatt
Pepes ikan panggang

4 küchenfertige Fischfilets oder -steaks à 150 g
2 rote Chilischoten
2 Knoblauchzehen
1 Limette (Saft)
½ TL Zitronengraspulver
½ TL gemahlener Kleiner Galgant (Kencur)
2 EL Palmzucker
100 ml dunkle Sojasauce

Bananenblätter, in 4 Quadrate (etwa 16 cm) geschnitten, oder Alufolie
2 Limetten, in Scheiben geschnitten
Hölzchen oder Zahnstocher

Die Fischfilets waschen und trocken tupfen. Die Chili putzen, entstielen und fein hacken. Den Knoblauch fein würfeln. Den Limettensaft mit allen Zutaten kräftig verrühren, die Fischfilets damit begießen und etwa 30 Minuten marinieren.
Die Fischfilets abgießen und jedes auf ein Bananenblatt geben. Mit Limettenscheiben belegen und die Bananenblätter zu Päckchen falten, eventuell mit Hölzchen fixieren. Die Päckchen entweder auf einem Holzkohlengrill auf beiden Seiten etwa 15 Minuten grillen oder im vorgeheizten Ofen mit Grillstufe bei 200° C.
Die Fischportionen im Päckchen servieren. Die Marinade aufkochen und in einem Schüsselchen getrennt dazu reichen.
Dazu serviert man Reis, Gemüse und verschiedene Sambals.

Varianten
Auf Bali werden auf diese Weise ganze kleine Fische mit Kopf gegrillt. Sie können für dieses Rezept durchaus kleine Forellen oder Barsche verwenden.

Gedämpfte Meeresfrüchte im Bananenblatt

Pepes udang kukus

250 g küchenfertiges Barschfilet
250 g geschälte Garnelen
1 Limette (Saft)
5 Zitronenblätter
5 EL Sambal mit gebratenen Garnelen (Seite 64)
5 EL Kokosnussflocken, mit 5 EL Wasser vermischt

Bananenblätter, in 12 Quadrate (etwa 18 cm) geschnitten, oder Alufolie
Hölzchen oder Zahnstocher

Das Barschfilet waschen, trocken tupfen und in mundgerechte Stücke zerteilen. Die Garnelen waschen, entdarmen und trocken tupfen. Beides mit Limettensaft beträufeln. Die Zitronenblätter waschen und in hauchdünne Streifen schneiden. Mit Sambal, Kokosnussflocken und ½ TL Salz vermengen. Vorsichtig die Meeresfrüchte unterheben.
Auf jedes Bananenblatt der Länge nach mittig 1 gehäuften EL der Mischung geben, das Blatt aufrollen und die beiden Enden mit Hölzchen verschließen.
In einem Wok so viel Wasser aufkochen, dass der Dampfeinsatz nicht im Wasser steht. Die Päckchen einlegen, den Wok verschließen und die Meeresfrüchte etwa 15 Minuten dämpfen.
Im Bananenblatt servieren.
Dazu passen Reis, Gemüse und Sambals.

Auf Bali wird bei diesem Rezept frisch geraspelte Kokosnuss verwendet – der Geschmack ist dadurch frischer.

Gemüse-Fisch mit Bohnensauce
Sayur bumbu tauco

Auf dieses wunderbare schnelle Wokgericht trifft man überall in Indonesien. Dabei wird der »Catch of the Day« verarbeitet, ob das nun Walfisch, Thunfisch, Wels oder Barrakuda ist.

4 küchenfertige Fischsteaks (etwa Makrele, Lachs, Rotbarsch) à etwa 200 g
1 Limette (Saft)
2 EL helle Sojasauce
gemahlener weißer Pfeffer
2 rote Paprikaschoten
200 g Bambusschösslinge (frisch oder aus der Dose)
4 kleine Zwiebeln
2 Knoblauchzehen
4 cm Ingwerwurzel
3 EL Erdnussöl
50 g braune Bohnensauce (im Asia Shop)
1 TL Shrimp-Paste (Trasi)
1 EL süße dunkle Sojasauce

Die Fischsteaks unter fließend kaltem Wasser waschen, trocken tupfen und mit dem Handballen leicht platt drücken. Mit Limettensaft und Sojasauce beträufeln, mit weißem Pfeffer würzen.
Die Paprika halbieren und entkernen, das weiße Fruchtfleisch entfernen, die Schoten quer in dünne Streifen schneiden. Die Bambusschösslinge in Scheibchen schneiden. Die Zwiebeln vierteln und jedes Viertel mit den Händen in einzelne Schichten brechen. Knoblauch und Ingwer schälen und fein würfeln.
In einem Wok das Erdnussöl erhitzen und die Fischsteaks auf jeder Seite 4 Minuten braten. Herausnehmen und auf einen Teller legen.
Knoblauch, Ingwer, Zwiebeln, Paprika und Bambusschösslinge unter ständigem Rühren im Bratensatz anbraten. Mit etwa 200 ml heißem Wasser ablöschen, Bohnensauce, Shrimp-Paste und Sojasauce einrühren. Einige Minuten leise kochen, dann die Fischsteaks mit dem Bratensaft hinzufügen. Nochmals abschmecken.
Zu reichlich Reis servieren.

Gegrillter ganzer Fisch
Ikan panggang di oven

1 ganzer küchenfertiger Fisch (etwa Barsch, Lachsforelle, Dorade) à 1200 g
1 Limette (Saft)
4 Zitronenblätter
2 EL Sambal für Meeresfrüchte und Fisch (Seite 71)

für die Würzpaste:
100 g aromatische Tomaten
2 Chilischoten
2 Stängel Koriandergrün
1 EL brauner Zucker
½ TL Salz

Den Fisch gründlich waschen, außen und innen trocken tupfen und mit einem scharfen Messer auf jeder Seite viermal tief einschneiden. Außen und innen mit Limettensaft beträufeln, mit Salz und Pfeffer würzen. Die Zitronenblätter waschen und in den Bauchraum geben. Den Fisch mit Sambal bestreichen, in die Grillschale legen und auf dem Holzkohlengrill von beiden Seiten etwa 20 Minuten grillen.
Für die Würzpaste die Tomaten blanchieren, häuten, entkernen und klein würfeln. Die Chili putzen, entstielen und klein würfeln. Den Koriander waschen, die Blätter abzupfen und fein hacken. Alle Zutaten miteinander vermengen.
Den fertig gegrillten Fisch mit der Würzpaste servieren.

Sie können den Fisch auch in eine Grillschale legen und im Ofen bei 180° C mit Grillstufe garen.

An jedem Marktstand auf Bali zu finden: *Mie bakso* (Seite 86).

In der balinesischen Küche gehören Sambals zur Grundausstattung. Das Wort bedeutet zwar Paste, aber es könnte auch ein Synonym für Chili sein – kein Sambal ohne feurige Chili (Seite 57ff.)

Zu Hühner-Saté-Spießen (Seite 136) harmoniert hervorragend die grobe Erdnusssauce (Seite 66).

Zu gegrilltem Fisch (Seite 128) werden gern Reis, Krabbenchips (Seite 111) sowie Gemüse und verschiedene Sambals (Seite 57ff.) serviert.

Kokosnussmilch ist eine hervorragende Grundlage für Currygerichte wie Ananascurry (Seite 99). Geraspelte Kokosnüsse werden unter Gemüse (etwa Seite 104) gemischt oder, mit Gewürzen gebraten, als Beilage gereicht.

Exotische Früchte verarbeitet man auf Bali gern zu *Rujak buah* (Seite 106), einem würzigen Salat, der meist als Snack verspeist wird.

Frittierter Fisch
Ikan goreng

Die Fische gründlich waschen und trocken tupfen. Die Limette heiß waschen, fest trocken reiben und die Schale abreiben. Dann auspressen und den Limettensaft über die Fische träufeln. Mit Salz und Pfeffer würzen. Schalotten, Knoblauch und Ingwer schälen und fein würfeln.
Etwas Erdnussöl erhitzen, Schalotten, Knoblauch und Ingwer darin braten. Mit Sambal ulek, Laospulver, Palmzucker, Sojasauce und ½ TL Salz würzen. Mit Kokosnussmilch verrühren und bei kleinster Hitze köcheln.
In einem Wok oder einer Fritteuse das restliche Erdnussöl auf 180° C erhitzen und die Fische in etwa 10 Minuten knusprig frittieren.
Die Fische kurz abtropfen lassen, auf Teller geben und mit Sauce überziehen.

4 kleine küchenfertige Fische (Forelle, Wels oder andere Fische) à etwa 300 g
1 ungespritzte Limette (abgeriebene Schale und Saft)
2 Schalotten
2 Knoblauchzehen
4 cm Ingwerwurzel
500 ml Erdnussöl
2 TL Sambal ulek (Seite 58)
1 TL Laospulver (im Asia-Shop)
2 EL Palmzucker
2 EL dunkle Sojasauce
100 ml Kokosnussmilch

Ofenfisch
Ikan panggang

1 großer küchenfertiger Fisch (etwa Barsch, Red Snapper, Rotbarsch) à etwa 1400 g
1 Zwiebel
2 Knoblauchzehen
4 cm Ingwerwurzel
4 Stängel Koriandergrün
2 EL Tamarindensaft
2 EL dunkle Sojasauce
2 EL Erdnussöl
1 EL Sambal ulek (Seite 58)
1 TL gemahlener Kurkuma
¼ TL Salz
1 Bananenblatt oder Alufolie
Hölzchen oder Zahnstocher

Den Fisch gründlich waschen und trocken tupfen. Zwiebel, Knoblauch und Ingwer schälen und grob würfeln. Den Koriander waschen und die Blätter abzupfen. Alle Zutaten – außer dem Fisch – im Mixer grob pürieren.
Den Fisch mit der Paste außen und innen bestreichen, in ein Bananenblatt wickeln und mit Hölzchen fixieren.
Auf ein Backblech geben und im vorgeheizten Ofen bei 180° C in etwa 40 Minuten garen. Den Fisch im Bananenblatt oder in Alufolie gehüllt servieren.
Dazu passen Reis, Gemüse und verschiedene Sambals.

Fleisch
Daging

Rindfleischgerichte sind wenig populär, obwohl Kühe, anders als im indischen Hinduismus, nicht als heilig gelten. Schweinefleisch ist dagegen ein beliebter Festtagsschmaus, da die Balinesen keine Mohammedaner sind. Auch Enten, als Nutztiere weit verbreitet, sind bei Festessen unverzichtbar.

Ganze Ente im Bananenblatt
Pepes bebek

Besonders schätzen die Balinesen Entenfleisch, das sie vorzugsweise in dickflüssigen Saucen mit viel Knoblauch verzehren, um den intensiven Geschmack des Fleischs auszugleichen.
Im Original wird die sehr beliebte »gefüllte Ente« in drei oder vier Stunden in heißer Asche oder im Reiskocher zubereitet. Das Gericht ist ein leckeres »Muss« auf Bali.

1 küchenfertige Ente (1½-2 kg)
1 Limette (Saft)
5 Vogelaugenchili (Tabia Kerinyi)
20 Schalotten
10 Knoblauchzehen
10 cm Ingwerwurzel
10 cm Kurkumawurzel
10 cm Kleiner Galgant (Kencurwurzel)
5 Kerzennüsse
4 Stängel Zitronengras
1 EL schwarze Pfefferkörner
1 TL Koriandersamen
1 EL Shrimp-Paste (Trasi)
1 EL Salz
2 EL Erdnussöl

Bananenblätter
Hölzchen oder Zahnstocher

Die Ente außen und innen waschen, trocken tupfen und mit Limettensaft beträufeln. Die Chili putzen, entstielen und fein hacken. Schalotten, Knoblauch, Ingwer, Kurkumawurzel und Kleinen Galgant schälen und fein würfeln. Die Kerzennüsse fein hacken. Das Zitronengras waschen und klein schneiden. Pfefferkörner und Koriander im Mörser zerreiben. Alle Zutaten gründlich verrühren und die Ente damit einreiben. Den Rest in den Bauchraum geben und diesen mit Hölzchen verschließen. Die Ente in Bananenblätter einwickeln und mit Alufolie umwickeln, sodass kein Saft auslaufen kann. Im vorgeheizten Ofen bei 180° C in knapp einer Stunde garen.
Beim Öffnen des »Pakets« darauf achten, dass der wertvolle Saft in eine Sauciere gefüllt und nicht verschüttet wird. Die Ente im Ganzen servieren, die Füllung in ein Schüsselchen geben.

Entenhackfleisch im Bananenblatt
Pepes daging bebek cincang

500 g Entenbrust ohne Haut
3 EL balinesische Würzpaste (Seite 60)
3 EL dicke Kokosnusscreme
3 EL gebratene Schalotten (Seite 74)
1 TL grob gemahlener schwarzer Pfeffer
1 EL süße dunkle Sojasauce
1 EL Erdnussöl

Bananenblätter, in 16 Quadrate (etwa 18 cm) geschnitten, oder Alufolie
Hölzchen oder Zahnstocher

Das Fleisch sehr klein schneiden und mit einem »Chopper« sehr fein hacken. Mit allen Zutaten gründlich vermischen und verkneten. Im Kühlschrank zugedeckt eine Stunde durchziehen lassen.
Die Bananenblätter mit etwas Erdnussöl einpinseln und das Fleisch darauf verteilen. Zu Päckchen formen und mit Hölzchen fixieren.
In einem Wok oder Topf Wasser aufkochen und einen Dämpfeinsatz einhängen. Die Päckchen hineinlegen und zugedeckt in etwa 25 Minuten garen.
Pro Person vier Päckchen servieren.
Dazu reicht man gewürzten Reis und verschiedene Sambals.

Gedämpfte Entenpäckchen
Pepes bebek kukus

500 g Entenbrust ohne Haut
2 Vogelaugenchili (Tabia Kerinyi)
3 Schalotten
3 Knoblauchzehen
3 EL Erdnussöl
4 EL balinesische Würzpaste (Seite 60)
50 ml Kokosnussmilch
1 TL Salz
1 EL grob gemahlener schwarzer Pfeffer

Bananenblätter, in 16 Quadrate (etwa 15 cm) geschnitten, oder Alufolie

Die Entenbrust sehr fein hacken. Die Chili putzen, entstielen und entkernen, die Schoten fein würfeln. Schalotten und Knoblauch in feinste Streifen schneiden.
Erdnussöl erhitzen, Schalotten und Knoblauch etwa 5 Minuten darin goldbraun braten. Den Pfanneninhalt zum Entfetten auf Küchenpapier legen. Alle Zutaten gründlich vermischen.
Je 1 EL der Mischung auf die Mitte der Bananenblätter geben, diese aufrollen und die Enden mit Hölzchen feststecken.
Die Päckchen portionsweise in ein Bambuskörbchen geben und über heißem Wasserdampf zugedeckt in etwa 20 Minuten garen.
Die feinen Köstlichkeiten schmecken heiß, lauwarm und kalt.
Pro Person vier Päckchen servieren.
Dazu reicht man gewürzten Reis und verschiedene Sambals.

Huhn-Saté
Saté ayam

Hühner werden auf Bali nicht auf Hühnerfarmen gehalten, sondern laufen frei herum. Diese Lebensform macht ihr Fleisch viel zäher, sehniger und – schmackhafter.

mindestens 8 Stunden vorher beginnen
für 16 Spieße

800 g entbeinte Hühnerbrüste
2 Zwiebeln
4 cm Ingwerwurzel
1 TL Sambal ulek (Seite 58)
1 Limette (Saft)
2 EL helle Sojasauce
3 EL dunkle Sojasauce
1 EL Sesamöl
2 EL Palmzucker
150 ml Kokosnussmilch (aus der Dose)

16 Stängel Zitronengras, Bambus- oder Holzspieße
1 Grillschale

Das Fleisch in etwa 1 cm große Würfel schneiden. Zwiebeln und Ingwer schälen und grob würfeln. Mit allen Zutaten – außer der Kokosnussmilch – im Mixer pürieren. Die Fleischwürfel mit der Mischung gründlich vermengen, mit Folie abdecken und im Kühlschrank mindestens acht Stunden durchziehen lassen.
Die Fleischwürfel auf Zitronengrasstängel oder Spieße stecken, in eine Grillschale legen und unter mehrmaligem Wenden über Holzkohle grillen.
Die restliche Marinade mit Kokosnussmilch etwa 5 Minuten einkochen und zum Saté servieren.

Bohnen mit Hühnchen

Sayur kacang dan ayam

Die Bohnen putzen, je nach Größe halbieren oder dritteln und in kochendem Salzwasser blanchieren. Abgießen, mit kaltem Wasser abschrecken und im Sieb abtropfen lassen. Das Fleisch klein würfeln. Die Chili putzen, entstielen und klein würfeln. Zwiebeln und Knoblauch fein würfeln.
In einem Wok das Erdnussöl erhitzen, Zwiebel, Knoblauch und Chili darin anbraten. Mit Shrimp-Paste kräftig durchbraten, mit Limettenschale, Koriander, Kreuzkümmel und Laospulver würzen. Die Brühe angießen und aufkochen, Bohnen und Fleischwürfel einrühren. Die Hitze reduzieren, Kokosnussmilch und Limettensaft hinzufügen und alles bei mittlerer Hitze etwa 10 Minuten ziehen lassen.
Dazu schmeckt einfacher weißer Reis (Seite 90).

800 g grüne Bohnen
200 g Hühnerbrust
2 frische Chilischoten
2 Zwiebeln
4 Knoblauchzehen
3 EL Erdnussöl
1 TL Shrimp-Paste (Trasi)
1 ungespritzte Limette (abgeriebene Schale und Saft)
1 TL gemahlener Koriander
1 TL gemahlener Kreuzkümmel
½ TL Laospulver (im Asia-Shop)
500 ml Hühnerbrühe
500 ml Kokosnussmilch (aus der Dose)

Gegrilltes Hähnchen
Ayam panggang

Das Besondere an diesem Rezept ist, dass das Grillhähnchen zuerst gekocht und dann gegrillt wird.

2 küchenfertige Hähnchen à 800 g
5 Stängel Zitronengras
5 Salamblätter
100 g Sambal für Geflügel (Seite 68)
1 l Kokosnussmilch (aus der Dose)
½ l Hühnerbrühe

Die Hähnchen halbieren, die vier Hälften gründlich waschen und trocken tupfen. Das Zitronengras waschen, mit dem Messerrücken zerdrücken und in drei Stücke schneiden. Die Salamblätter waschen.
In einem größeren Bräter das Sambal unter ständigem Rühren 2 bis 3 Minuten braten. Mit Kokosnussmilch und Brühe begießen, einige Minuten weiterkochen. Zitronengras, Salamblätter, 1 TL Salz, 1 EL grob gemahlenen schwarzen Pfeffer sowie die Hähnchenteile einlegen und in etwa 30 Minuten garen, dabei immer wieder mit der Sauce im Bräter übergießen.
Das Fleisch aus der Sauce nehmen, abstreifen und abkühlen lassen. Zum Grillen auf den Holzkohlengrill legen und auf jeder Seite goldbraun braten. Die Sauce weitere 5 Minuten einkochen und getrennt dazu reichen.
Dazu schmeckt einfacher weißer Reis (Seite 90) und Erdnusssauce (Seiten 66-67).

Brathuhn
Ayam goreng

1 küchenfertiges Huhn (etwa 1½ kg)
4 Chilischoten
2 Zwiebeln
4 Knoblauchzehen
4 cm Ingwerwurzel
5 Kerzennüsse
2 EL dunkle Sojasauce
150 ml Erdnussöl
2 EL Palmzucker
1 Limette (Saft)
400 ml Kokosnussmilch (aus der Dose)

Das Huhn in vier Teile schneiden, waschen und trocken tupfen. Die Chili putzen und entstielen. Zwiebeln, Knoblauch und Ingwer schälen und grob würfeln. Mit Chili, Kerzennüssen und Sojasauce im Mixer pürieren.
In einem größeren Bräter das Erdnussöl heiß siedend erhitzen und die Hühnchenteile von allen Seiten braun braten. Herausnehmen und zum Entfetten auf Küchenpapier legen.
Das Öl bis auf einen feinen Ölfilm am Bräterboden abgießen. Das Püree unter ständigem Rühren darin braten, dann mit Palmzucker, Limettensaft, 1 TL Salz und Kokosnussmilch verrühren.
Die Hähnchenteile wieder einlegen und in etwa 30 Minuten fertig garen.
Dazu schmeckt einfacher weißer Reis (Seite 90).

Auf Bali kennt man auch die umgekehrte Version: Dazu die rohen Hühnchenteile in der Kokosnussmilch mit den Würzzutaten etwa 30 Minuten garen. Anschließend aus der Sauce nehmen, abtupfen und in heiß siedendem Öl von allen Seiten goldbraun braten.

Gegrilltes Würzhuhn
Ayam panggang pedis

1 küchenfertiges Huhn (1200-1500 g)
1 Zwiebel
2 Knoblauchzehen
2 EL Sambal ulek (Seite 58)
1 EL grob gemahlener schwarzer Pfeffer
2 EL dunkle Sojasauce
2 EL Palmzucker
1 Limette (Saft)
2 EL Erdnussöl

Das Huhn in vier Teile schneiden, waschen und trocken tupfen. Zwiebel und Knoblauch fein reiben. Mit den anderen Zutaten verrühren und die Hühnchenteile damit rundherum einpinseln. Mit Folie abdecken und mindestens eine Stunde ruhen lassen.
Die marinierten Hühnchenteile auf dem Holzkohlengrill von allen Seiten goldbraun grillen. Dabei mit Marinade einpinseln.
Dazu schmecken Reis, Gemüse und verschiedene Sambals.

Hähnchen in Kokosmilch
Gulai ayam

1 küchenfertiges Hähnchen (etwa 1200 g)
2 Zwiebeln
4 Knoblauchzehen
4 cm Ingwerwurzel
4 Kerzennüsse
1 TL gemahlener schwarzer Pfeffer
1 EL gemahlener Koriander
1 TL gemahlener Kreuzkümmel
1 TL Laospulver (im Asia-Shop)
4 EL Erdnussöl
1 l Kokosnussmilch
1 Zimtstange
4 Salamblätter
1 Stängel Zitronengras

Das Hähnchen in acht Portionsteile schneiden, waschen und trocken tupfen. Zwiebeln, Knoblauch und Ingwer schälen und grob zerkleinern. Mit Kerzennüssen, den Gewürzen und 2 EL Erdnussöl im Mixer pürieren. Die Hähnchenteile mit der Würzpaste einreiben, mit Folie abdecken und mindestens eine Stunde ruhen lassen.
In einem Bräter das restliche Öl erhitzen und die marinierten Hähnchenteile von allen Seiten braten. Mit Kokosnussmilch aufgießen, Zimtstange, Salamblätter und Zitronengras einlegen. Die Hähnchenteile leise kochen, bis die Sauce sämig-dick und das Fleisch gar ist.
Vor dem Servieren Zimt, Zitronengras und Salamblätter entfernen.
Dazu Reis und ein Gemüsegericht reichen.

Hähnchen- und Bohnensalat

Salat buncis dan ayam
(balinesisch: Lawar)

Ein Festessen – doch auf Bali sind die Feste unzählig, sodass die Chance besteht, dieses köstliche Gericht öfter zu sich nehmen zu können. Übrigens: Nur den älteren und weisen Männern ist es gestattet, den Salat zu mischen.

- *250 g Kokosnussraspel*
- *1 kg Bohnen*
- *10 Schalotten*
- *10 Knoblauchzehen*
- *4 EL Erdnussöl*
- *3 Chilischoten*
- *5 Vogelaugenchili (Tabia Kerinyi)*
- *2 EL balinesische Würzpaste (Seite 60)*
- *2 EL Sambal ulek (Seite 58)*
- *250 g Hähnchenbrustfilet*
- *2 EL Sambal für Fleisch (Seite 70)*
- *1 Limette (Saft)*

In einem heißen Wok die Kokosnussraspel ohne Fett rösten, bis sie duften. Herausnehmen und auf einen Teller geben. Die Bohnen putzen und in kochendem Salzwasser blanchieren. Abgießen, mit kaltem Wasser abschrecken und im Sieb abtropfen lassen. Quer in etwa 1 cm lange Stücke schneiden. Schalotten und Knoblauch fein würfeln, beides separat in je 1 EL Erdnussöl braten. Herausnehmen und auf Teller geben. Die Chili halbieren und entkernen, das weiße Fruchtfleisch entfernen, die Schoten fein würfeln. In einer Schüssel alle diese Zutaten mit Würzpaste und Sambal ulek locker vermengen. Das Hähnchenbrustfilet sehr fein hacken.

Das restliche Öl erhitzen und das Filet unter ständigem Rühren braten. Das Sambal mitbraten, alles mit Limettensaft, 1 TL Salz und 1 TL grob gemahlenem schwarzem Pfeffer würzen. Das Fleisch nochmals gut durchrühren und mit dem Schüsselinhalt gut vermengen.

Dazu schmecken Krabbenchips (Seite 111).

Bratreis mit Hähnchenfleisch
Nasi goreng ayam

250 g Hähnchenfleisch
250 g China- oder Weißkohl
2 Chilischoten
5 Schalotten
5 Knoblauchzehen
5 cm Ingwerwurzel
3 EL Erdnussöl
2 EL balinesische Würzpaste (Seite 60)
500 g gekochter Reis (vom Vortag)
2 Eier

Das Fleisch in dünne Streifen schneiden. Den Kohl putzen und in feinste Streifen schneiden. Die Chili halbieren und entkernen, das weiße Fruchtfleisch entfernen, die Schote fein würfeln. Schalotten, Knoblauch und Ingwer schälen und fein würfeln.
In einem Wok das Erdnussöl erhitzen, Schalotten, Knoblauch und Ingwer darin braten. Das Fleisch hinzufügen und 1 Minute weiterbraten. Chili, Kohl und Würzpaste einrühren, wiederum einige Minuten braten, dann den Reis untermischen. Nach einigen Minuten die Eier mit 1 TL Salz verquirlen und über den Wokinhalt gießen. Alles bei starker Hitze schnell verrühren und sofort servieren.

Wegen der Bratflüssigkeit würde frisch gekochter Reis kleben und das Gericht matschig werden. Also lieber den Reis am Vortag kochen.

Würziger Reis im Bananenblatt
Lemper

600 g Klebreis (Ketan)
400 ml Kokosnussmilch
300 g Hähnchenfleisch
3 Knoblauchzehen
3 Curryblätter
2 EL Erdnussöl
½ TL Salz
½ TL gemahlener schwarzer Pfeffer
1 EL gemahlener Koriander
1 TL gemahlener Kreuzkümmel
½ TL gemahlener Kurkuma
½ TL Shrimp-Paste (Trasi)
½ Limette (Saft)

Bananen- oder Bambusblätter, in 20 Quadrate (etwa 15 cm) geschnitten, oder Alufolie

Den Klebreis waschen, mit 600 ml Wasser vermischen und zum Kochen bringen. Nach dem ersten Aufkochen die Hitze reduzieren und den Reis bei mittlerer Hitze zugedeckt etwa 15 Minuten garen. Die Kokosnussmilch erhitzen und die Hälfte unter den fertig gegarten Reis mischen. Zugedeckt 10 Minuten ruhen und anschließend abkühlen lassen.
Währenddessen das Fleisch sehr fein hacken. Den Knoblauch fein würfeln. Die Curryblätter waschen und in Streifen schneiden.
In einem Wok das Erdnussöl erhitzen, Fleisch, Knoblauch und Curryblätter von allen Seiten darin braten. Mit den übrigen Zutaten würzen und zuletzt die restliche Kokosnussmilch unterrühren. Alles weitergaren, bis die Feuchtigkeit fast aufgesaugt ist. Abkühlen lassen.
Je 1 EL Kokosnussreis in die Mitte eines Bananenblattes geben und etwa 2 TL Würzfleisch daraufstreuen. Die Blätter aufrollen und die Enden mit Hölzchen fixieren. Die Päckchen portionsweise in einem Bambuskörbchen über heißem Wasserdampf in etwa 20 Minuten dämpfen oder unter mehrmaligem Wenden auf einem Holzkohlengrill braten. Kurz abkühlen lassen und in den Päckchen servieren.
Dazu passen verschiedene Sambals.

Gebratenes Schweinefleisch mit Tamarinde
Babi goreng asam

500 g Schweinekeule ohne Knochen
1 Zwiebel
4 Knoblauchzehen
4 cm Ingwerwurzel
2 EL dunkle Sojasauce
1 EL Sambal ulek (Seite 58)
2 EL Erdnussöl
4 EL Tamarindensaft
1 EL Palmzucker

Das Fleisch in etwa 2 cm lange Streifen schneiden. Zwiebel, Knoblauch und Ingwer schälen und fein hacken. Mit Sojasauce und Sambal ulek gründlich verrühren.
In einem Wok das Erdnussöl erhitzen und die Fleischstreifen rundherum scharf anbraten. Die Gewürzpaste hinzufügen und etwa 5 Minuten rühren. Den Tamarindensaft mit 100 ml Wasser, ½ TL Salz und Palmzucker verquirlen und über den Wokinhalt geben. Bei schwacher Hitze zugedeckt weitere 20 Minuten garen. Das Gericht kann serviert werden, wenn das Fleisch schön braun und der Fond fast eingekocht ist.
Dazu schmeckt einfacher weißer Reis (Seite 90).

Variante
Sie können auch andere Teile vom Schwein verwenden, zum Beispiel Schulter oder ausgelöstes Kotelettstück.

Soja-Schweinefleisch
Babi kecap

Das Fleisch in etwa 2 cm lange, dünne Streifen schneiden. Schalotten, Knoblauch und Ingwer schälen und in feinste Streifen schneiden.
In einem Wok das Erdnussöl erhitzen, Schalotten, Knoblauch und Ingwer unter Rühren einige Minuten darin braten. Die Fleischstreifen hinzufügen und weitere 4 Minuten braten. 1 TL grob gemahlenen schwarzen Pfeffer, Sambal bajak und beide Sojasaucen hinzufügen, einkochen und braten, bis das Fleisch dunkelbraun und glänzend ist.
Dazu schmeckt einfacher weißer Reis (Seite 90).

500 g Schweinefleisch ohne Knochen
4 Schalotten
4 Knoblauchzehen
10 cm Ingwerwurzel
4 EL Erdnussöl
1 TL Sambal bajak (Seite 59)
4 EL helle Sojasauce
6 EL dunkle Sojasauce

Saté mit Schweinefleisch
Saté babi

Das Fleisch in etwa 2 cm große Würfel schneiden. Zwiebel, Knoblauch und Ingwer schälen und grob würfeln. Alle Zutaten im Mixer zu einer Paste pürieren.
Die Würzpaste in die Fleischwürfel massieren, mit Folie abdecken und im Kühlschrank mindestens eine Stunde ziehen lassen.
Die Fleischwürfel auf Spieße stecken und in die Grillschale legen. Auf dem Holzkohlengrill von allen Seiten in insgesamt etwa 10 Minuten gleichmäßig braten.

für 8 Spieße

800 g Schweinefleisch ohne Knochen (Schulter, Keule, Oberschale)
1 Zwiebel
2 Knoblauchzehen
4 cm Ingwerwurzel
1 Limette (Saft)
1 EL Sambal ulek (Seite 58)
3 EL dunkle Sojasauce
1 EL Palmzucker
2 EL Erdnussöl

8 Schaschlikspieße (Holz)
1 Grillschale

Gegrilltes Spanferkel

Babi guling (balinesisch: Guling celeng)

Die balinesischen Schweine sind eine eigene Rasse mit grandios fetten Bäuchen, die im wahrsten Sinne des Wortes über den Boden schleifen, wie ein an zwei Seiten aufgehängter Sack. So ist auch das gegrillte Spanferkel im Original in der Regel zu fett für den westlichen Geschmack. Die Balinesen aber lieben es, besonders die braun gebratene Kruste. Wer auf Bali war, erinnert sich der vielen Kaki lima, der Straßenverkäufer, die mit ihren Essenskarren Mie bakso (Nudelsuppe mit Fleischklößchen), Saté oder Bubur ayam (Reissuppe mit Huhn) anbieten. An festen Straßenständen, den Warung, wird das berühmte gegrillte Spanferkel offeriert.
Es empfiehlt sich, dieses Grillgericht für eine Gesellschaft von etwa zehn Personen zuzubereiten, am besten über dem Holzkohlengrill – aber es geht auch im Backofen.

1 küchenfertiges Spanferkel (etwa 6 kg)
3 EL gemahlener Kurkuma

für die Füllung:
10 Vogelaugenchili (Tabia Kerinyi)
10 Schalotten
10 Knoblauchzehen
10 cm Ingwerwurzel
10 cm Großer Galgant (Laoswurzel)
10 Kerzennüsse
10 Stängel Zitronengras
10 Zitronenblätter
3 EL Koriandersamen
2 EL schwarze Pfefferkörner
1 EL Shrimp-Paste (Trasi)
5 Salamblätter
3 EL Erdnussöl

Das Spanferkel außen und innen gründlich waschen, trocken reiben und mit Salz einreiben. Das Kurkuma in 250 ml kaltem Wasser verrühren und zur Seite stellen.
Für die Füllung die Chili putzen, entstielen und in feine Ringe schneiden. Schalotten, Knoblauch, Ingwer und Großen Galgant schälen und fein würfeln. Die Kerzennüsse fein hacken. Das Zitronengras waschen und klein schneiden. Die Zitronenblätter waschen und in hauchdünne Streifen schneiden. Koriander und Pfefferkörner im Mörser zerstoßen. Alle Zutaten gut vermengen und im Bauchraum des Spanferkels verteilen. Mit mehreren Hölzchen gut verschließen oder mit Küchengarn zunähen. Das Spanferkel mit Kurkumawasser einpinseln, bis es gelb glänzt. Auf einem Gitterrost in den vorgeheizten Ofen bei 200° C mit Grillstufe schieben und in etwa 70 Minuten garen. Dabei zwei- bis dreimal wenden und mit Kurkumawasser einpinseln.

Das fertige Spanferkel aus dem Ofen nehmen, mit Alufolie abdecken und etwa 10 Minuten nachziehen lassen. Dann den Bauchraum öffnen und die Füllung in eine Schüssel geben. Das Fleisch tranchieren und schneiden.
Mit Reis, Gemüse und verschiedenen Sambals genießen.

Bratnudeln mit Schweineschnitzel
Mie babi goreng

Bratnudeln und Bratreis sind in Asien vielfältige und genussreiche Essen.

250 g asiatische Eiernudeln
250 g Schweineschnitzel
250 g geschälte Garnelen
250 g Weißkohl
2 Chilischoten
2 Schalotten
2 Knoblauchzehen
4 EL Erdnussöl
1 EL Shrimp-Paste (Trasi)
2 EL helle Sojasauce
2 EL gebratene Schalotten (Seite 74) zum Garnieren

In einer Schüssel die Eiernudeln mit kochendem Wasser übergießen und kurz ziehen lassen. Anschließend je nach Sorte und Packungsanweisung bissfest garen. Abgießen und abtropfen lassen.
Das Fleisch sehr klein würfeln. Die Garnelen waschen, entdarmen und trocken tupfen. Den Weißkohl putzen und in feinste Streifen schneiden. Die Chili halbieren und entkernen, das weiße Fruchtfleisch entfernen, die Schoten fein würfeln. Schalotten und Knoblauch fein würfeln.
In einem Wok das Erdnussöl erhitzen, Schalotten, Knoblauch und Chili darin braten. Fleischwürfel und Weißkohlstreifen zugeben und braten, zuletzt die Garnelen einrühren. Alles mit Shrimp-Paste, 1 TL Salz, ½ TL schwarzem Pfeffer und Sojasauce würzen, zuletzt die Nudeln untermengen. Zum Servieren mit gebratenen Schalotten garnieren.

Curry mit Nierchen
Gulai ginjal

1 küchenfertige Rinderniere (etwa 500 g)
2 Knoblauchzehen
4 cm Ingwerwurzel
1 große Zwiebel
5 Kerzennüsse
4 EL Erdnussöl
1 TL gemahlener Kurkuma
1 TL gemahlener Koriander
1 TL gemahlener Kreuzkümmel
½ TL gemahlener Fenchel
¼ TL Chilipulver
500 g Kokosnussmilch
1 Zimtstange
3 EL Tamarindensaft
2 EL Palmzucker

Die Rinderniere von Röhren und Häuten befreien. In kaltem Wasser so lange wässern, bis es klar bleibt. Mit Küchenpapier trocken tupfen und in kleine Würfel schneiden. Knoblauch und Ingwer schälen und fein reiben, mit den Nierenstückchen und 1 TL Salz vermengen. Die Zwiebel fein würfeln. Die Kerzennüsse fein reiben.
In einem Wok das Erdnussöl erhitzen und die Zwiebel andünsten. Kurkuma, Koriander, Kreuzkümmel, Fenchel und Chili zugeben und unter Rühren braten. Nierenstückchen sowie Kerzennüsse einrühren und alles weiterbraten, bis die Nierenstücke rundherum gebraten sind.
Die Kokosmilch zugießen und die Zimtstange einlegen. Das Gericht bei schwacher Hitze etwa 30 Minuten leise kochen.
Mit Tamarindensaft und Palmzucker abrunden.
Nochmals abschmecken und servieren.
Dazu passen Nudeln oder Reis.

Variante
Innereien sind nicht jedermanns Sache – man kann statt der Nieren auch Rindfleisch zum Kurzbraten verwenden.

Kokos-Hackfleischbällchen

Perkedel daging cincang

200 g Kokosnussraspel
½ TL Shrimp-Paste (Trasi)
2 Knoblauchzehen
500 g Hackfleisch vom Rind
2 Eier
1 TL Salz
½ TL gemahlener schwarzer Pfeffer
1 TL gemahlener Koriander
1 TL gemahlener Kreuzkümmel
½ TL geriebener Ingwer
100 ml Erdnussöl zum Braten

In einer Schüssel die Kokosnussraspel mit 8 EL heißem Wasser befeuchten. Mit einem Tuch bedeckt 10 Minuten ziehen lassen. Die Shrimp-Paste mit 2 EL heißem Wasser verrühren und zugeben.
Den Knoblauch fein würfeln und mit Hackfleisch, Kokosnussraspeln und Eiern verkneten. Mit den übrigen Zutaten würzen und kleine Bällchen formen.
Das Erdnussöl heiß siedend erhitzen und die Bällchen in etwa 10 Minuten von allen Seiten knusprig und kross braten. Herausnehmen und zum Entfetten auf Küchenpapier legen.
Dazu verschiedene Sambals und nach Belieben Gemüsegerichte servieren.

Geschmorte Rinderzunge mit Muskatnuss

Semur lidah sapi

1 küchenfertige Rinderzunge vom Ochsen
½ TL geriebene Muskatnuss
¼ TL gemahlene Muskatblüte
500 g Kartoffeln
3 EL süße dunkle Sojasauce
3 EL helle Sojasauce
1 l heiße klare Rindfleischbrühe (Seite 77)
4 Zitronenblätter
4 EL gebratene Schalotten (Seite 74) zum Garnieren

Die Rinderzunge in kaltem Wasser so lange wässern, bis es klar bleibt. In einem Topf mit genügend kaltem Wasser aufkochen. Bei mittlerer Hitze in etwa einer Stunde gar kochen.
Die Rinderzunge herausnehmen und mit eiskaltem Wasser abschrecken. Mithilfe eines kleinen scharfen Messers die Haut abziehen, die Zunge quer in feine gleichmäßige Scheibchen schneiden und in einer ofenfesten Auflaufform oder einem Bräter dachziegelartig einlegen. Mit 1 EL grob gemahlenem schwarzem Pfeffer, Muskatnuss und -blüte gleichmäßig bestreuen. Die Kartoffeln schälen, in dünne Scheiben schneiden und daraufschichten. Alles gleichmäßig mit beiden Sojasaucen beträufeln, mit Brühe begießen, die Zitronenblätter einlegen. Im auf 200° C (Umluft 180° C) vorgeheizten Ofen auf mittlerer Schiene in etwa 30 Minuten garen, bis die Kartoffeln fertig sind.
Zum Servieren mit gebratenen Schalotten garnieren.

Sie können das Gericht auch auf dem Herd in einem Wok oder einem breiten Topf zubereiten.

Gebackene Rindfleischfasern
Dendeng sapi

800 g mageres Rindfleisch (Nuss, Oberschale, Roastbeef)
4 EL Erdnussöl
1 Limette (Saft)

zum Würzen:
2 Chilischoten
4 Knoblauchzehen
1 EL Tamarindensaft
½ TL Salz
1 TL grob gemahlener schwarzer Pfeffer
1 EL gemahlener Koriander
1 TL gemahlener Kreuzkümmel

Das Fleisch in vier bis sechs Stücke schneiden. In einem Topf mit 1 EL Salz bestreuen, mit kaltem Wasser auffüllen und zum Kochen bringen. Zugedeckt in etwa anderthalb Stunden weich kochen.
Währenddessen die Chili putzen, entstielen und klein schneiden. Den Knoblauch fein würfeln. Alle Würzzutaten miteinander vermengen.
Das Fleisch aus der Brühe nehmen und abkühlen lassen. Die Brühe durch ein Haarsieb passieren und in den nächsten Tagen für Suppen verwenden.
Das Fleisch mit einem Fleischklopfer und einem Messer in kleine Fasern zerteilen und zerrupfen.
In einem Wok das Erdnussöl erhitzen und die Würzzutaten einige Minuten braten. Die Fleischfasern hinzufügen und darin »baden«, sodass alle mit Würze überzogen sind. Das Fleisch braten, bis es kross und trocken, also keine Flüssigkeit mehr vorhanden ist.
Das Fleisch abkühlen lassen und mit Limettensaft vermengen.

Sie können das Fleisch sofort mit Reis servieren – oder in luftdichte Gläser füllen, diese verschließen und in den Kühlschrank stellen. Fleischfasern eignen sich nicht nur gut zum Würzen von Speisen, sondern auch zum Garnieren von Reis.

Gewürzte Rindfleischstreifen auf balinesische Art

Daging sapi bumbu Bali
(balinesisch: Daging masak Bali)

800 g mageres Rindfleisch (Oberschale, Nuss, Roastbeef)
4 Vogelaugenchili (Tabia Kerinyi)
1 Zwiebel
4 Knoblauchzehen
4 cm Ingwerwurzel
1 TL Shrimp-Paste (Trasi)
4 EL Erdnussöl
3 EL Tamarindensaft
3 EL dunkle Sojasauce
1 EL Palmzucker

Das Fleisch in sehr schmale Streifen schneiden. Die Chili putzen und entstielen. Zwiebel, Knoblauch und Ingwer schälen und grob zerkleinern. Mit Chili, Shrimp-Paste und 1 EL Erdnussöl im Mixer pürieren.
In einem Wok das restliche Öl erhitzen und das Püree unter ständigem Rühren braun braten. Die Fleischstreifen zugeben und weiterrühren, bis sie braun gebraten sind.
Alles mit 250 ml kaltem Wasser, Tamarindensaft, Sojasauce, Palmzucker und einer Prise Salz verrühren. Einkochen, bis alle Flüssigkeit verdampft ist.
Dazu Reis und verschiedene Sambals servieren.

Glasierte Rinderrippchen
Masakan rusuk sapi

1 kg mageres, fleischiges Rippenstück vom Rind (vom Metzger in Rippchen schneiden und diese quer durchhacken lassen)
2 Chilischoten
4 Knoblauchzehen
4 cm Ingwerwurzel
4 cm Großer Galgant (Laoswurzel)
4 Kerzennüsse
5 EL Erdnussöl
8 EL dunkle Sojasauce
4 EL helle Sojasauce
2 EL Palmzucker

Die Rippchen wegen der Knochensplitter gründlich waschen und trocken tupfen. Die Chili putzen, entstielen und fein würfeln. Knoblauch, Ingwer und Großen Galgant schälen und fein würfeln. Die Kerzennüsse fein hacken. Diese Zutaten mit Salz sowie 1 EL Erdnussöl vermengen und in die Fleischrippchen massieren. Zugedeckt eine Stunde marinieren.
In einem Wok das restliche Öl erhitzen und die Rinderrippchen bei starker Hitze von allen Seiten kräftig braten. Mit beiden Sojasaucen, ½ TL grob gemahlenem schwarzem Pfeffer und Palmzucker gut vermengen. Zum Glasieren die Rippchen auf einem Backblech verteilen und im vorgeheizten Ofen bei 200° C mit Grillstufe »überglänzen« lassen.
Dazu Reis, Gemüse und verschiedene Sambals servieren.

Rindfleischscheiben mit Würzsauce
Daging sapi masak pedas

4 Rindersteaks à 200 g
1 Limette (Saft)
200 g aromatische Tomaten
1 Vogelaugenchili (Tabia Kerinyi)
1 Zwiebel
4 Knoblauchzehen
3 EL Erdnussöl
4 EL dunkle Sojasauce
2 EL Palmzucker

Die Rindersteaks mit der Hand platt drücken. Mit Limettensaft beträufeln und mit 1 TL grob gemahlenem schwarzem Pfeffer würzen. Die Tomaten blanchieren, häuten, entkernen und klein würfeln. Die Chili putzen, entstielen und fein würfeln. Zwiebel und Knoblauch fein würfeln. Diese Zutaten mit 1 EL Erdnussöl, Sojasauce und Palmzucker verrühren und die Fleischscheiben damit bestreichen. Mit Folie abdecken und im Kühlschrank eine Stunde ruhen lassen.
In einem Wok das restliche Öl erhitzen und die Rindersteaks auf beiden Seiten braten. Die restliche Würzpaste hinzufügen und alles bei mittlerer Hitze etwa 10 Minuten braten.
Das Fleisch aus dem Wok nehmen, in Streifen schneiden und mit dem Bratensatz vermengen. Auf Reis servieren.

Trockenes Rindfleischcurry
Rendang sapi

800 g mageres Rindfleisch (Oberschale, Hüfte)
2 Zwiebeln
4 Knoblauchzehen
4 cm Ingwerwurzel
10 cm Großer Galgant (Laoswurzel)
½ TL gemahlener Zimt
4 Gewürznelken
1 EL gemahlener Koriander
1 TL Chilipulver
1 TL gemahlener Kreuzkümmel
4 EL Erdnussöl
4 Salamblätter
1 l Kokosnussmilch (aus der Dose)
2 EL gebratene Schalotten (Seite 74) zum Garnieren

Das Fleisch in gleich große, mundgerechte Würfel schneiden. Zwiebeln, Knoblauch, Ingwer und Großen Galgant schälen und grob würfeln. Mit Zimt, Nelken, Koriander, Chilipulver, Kreuzkümmel und 1 EL Erdnussöl im Mixer pürieren. Die Fleischwürfel mit der Würzpaste gründlich vermengen und zugedeckt eine Stunde ruhen lassen.
In einem Wok das restliche Öl erhitzen und die Fleischwürfel von allen Seiten etwa 10 Minuten braten. Mit Salz und 1 TL grob gemahlenem schwarzem Pfeffer würzen. Die Salamblätter waschen und hinzufügen. Die Kokosnussmilch nach und nach zugießen – immer dann, wenn sie fast verdampft ist. Das Curry ist fertig, sobald das Fleisch gar ist und die Sauce andickt. Zum Servieren mit gebratenen Schalotten garnieren.
Dazu reicht man Reis und verschiedene Sambals.

Trocken gebratenes Rindfleischcurry
Rendang daging sapi goreng

800 g mageres Rindfleisch (Oberschale, Roastbeef)
8 Chilischoten
2 große Zwiebeln
8 Knoblauchzehen
4 cm Ingwerwurzel
500 ml dicke Kokosnussmilch (aus der Dose)
1 TL Chilipulver
1 TL gemahlener Kurkuma
1 EL gemahlener Koriander
1 TL Laospulver (im Asia-Shop)
⅛ l Tamarindensaft
2 EL Palmzucker

Das Fleisch in etwa 4 cm lange, dünne Streifen schneiden. Die Chili putzen und entstielen. Zwiebeln, Knoblauch und Ingwer schälen und grob würfeln. Mit Chili und der Hälfte der Kokosnussmilch im Mixer fein pürieren.
In einem Wok das Püree mit der restlichen Kokosnussmilch erhitzen. Alle Gewürze und den Tamarindensaft einrühren. Den Palmzucker darin auflösen und die Fleischstreifen einlegen.
Den Wokinhalt bei mittlerer Hitze in etwa 50 Minuten einkochen. Dabei immer wieder rühren, damit am Boden nichts ansetzt. Das Curry ist fertig, wenn die Flüssigkeit fast verdampft ist – die Fleischstreifen nun im ölig verbliebenen Wokbodenfilm kräftig braun braten.
Dazu reicht man Reis und verschiedene Sambals.

Das Curry schmeckt aufgewärmt noch besser.

Ausgebackene Fleischbällchen
Perkedel goreng

Diese Fleischbällchen werden in ganz Indonesien gerne »vernascht«, einfach so zwischendurch, nebenbei, heiß, warm oder kalt – natürlich mit verschiedenen Sambals.

250 g Kartoffeln
2 Vogelaugenchili (Tabia Kerinyi)
4 Schalotten
4 Knoblauchzehen
500 g Hackfleisch vom Rind
1 Limette (Saft)
2 EL dunkle Sojasauce
1 EL Palmzucker
1 TL Shrimp-Paste (Trasi)
1 EL gemahlener Koriander
1 EL gemahlener Kreuzkümmel
1 TL gemahlene Muskatblüte
1 Ei
500 ml Erdnussöl zum Ausbacken

Die Kartoffeln mit Schale in Salzwasser garen, abkühlen lassen, pellen und durch eine Reibe drücken. Die Chili putzen, entstielen und fein würfeln. Schalotten und Knoblauch fein würfeln.
In einer Schüssel alle Zutaten kräftig verkneten. Mit angefeuchteten Händen kleine, gleich große Bällchen formen.
In einem Wok das Erdnussöl heiß siedend erhitzen und die Fleischbällchen portionsweise rundherum knusprig und goldbraun frittieren. Zum Entfetten auf Küchenpapier legen.

Rindfleisch-Saté
Saté sapi

Einer der Gründe, warum diese balinesischen Saté so gut schmecken, dürfte das Aufspießen auf Zitronengrasstängel sein, die ihr volles Aroma in das Fleisch einbringen. Das leicht verbrannte Aussehen hat übrigens mit dem Zuckergehalt in der Fleischmischung zu tun.

mindestens 8 Stunden vorher beginnen
für 16 Spieße

800 g Rindfleisch (Oberschale, Steakfleisch)
6 EL Sambal für Fleisch (Seite 70)
1 EL Sambal ulek (Seite 58)
2 EL brauner Zucker

etwa 16 Stängel Zitronengras oder Holzspieße
1 Grillschale

Das Fleisch in 1 bis 2 cm große Würfel schneiden. Mit beiden Sambals und braunem Zucker gründlich vermengen. Mit Folie abdecken und im Kühlschrank mindestens acht Stunden durchziehen lassen.
Die marinierten Fleischstücke auf Zitronengrasstängel oder Spieße stecken, in eine Grillschale legen und bei starker Hitze unter mehrmaligem Wenden über Holzkohle grillen.

In Bali schmecken die Saté natürlich anders, weil sie über Kokosschalen gegrillt werden.

Saté mit Lammfleisch
Saté kambing

mindestens 8 Stunden vorher beginnen

800 g Lammfleisch (Keule)
1 Limette (Saft)
1 Zwiebel
4 Knoblauchzehen
1 TL schwarze Pfefferkörner
2 Stängel Zitronengras
5 EL Kokosnussflocken
2 EL helle Sojasauce
2 EL dunkle Sojasauce
2 EL Sambal ulek (Seite 58)

Bambus- oder Holzspieße
1 Grillschale

Das Fleisch in ½ bis 1 cm große Würfel schneiden und mit Limettensaft beträufeln. Die Zwiebel fein reiben. Den Knoblauch mit 1 TL Salz und Pfefferkörnern im Mörser fest zerreiben. Das Zitronengras waschen und klein schneiden. Die Kokosnussflocken mit 5 EL Wasser anfeuchten. Alle Zutaten gründlich vermengen. Mit Folie abdecken und die Fleischwürfel im Kühlschrank mindestens acht Stunden marinieren.
Die Fleischwürfel auf Spieße stecken und in eine Grillschale legen. Über dem Holzkohlenfeuer von allen Seiten knusprig grillen, dabei immer wieder mit der Marinade bestreichen.
Dazu schmecken Gemüse und Reis.

Tipp
Bei allen Saté-Spießen ist anzuraten, sie in Grillschalen zu legen. Zu schnell bleiben sie auf dem Gitterrost kleben.

Gebratenes Lamm
Kambing goreng

800 g Lammfleisch (Keule)
500 g Bohnen
4 Stängel Zitronengras
2 EL Erdnussöl
6 EL balinesische Würzpaste (Seite 60)
1 TL gemahlener Kardamom
1 l Kokosnussmilch (aus der Dose)

Das Fleisch in gleich große, mundgerechte Stücke schneiden und in einen Topf legen. Mit kaltem Wasser aufgießen und mit einer Prise Salz aufkochen. Bei mittlerer Hitze etwa 5 Minuten garen, anschließend abgießen und in einem Sieb abtropfen lassen.

Die Bohnen putzen, quer halbieren und in kochendem Salzwasser blanchieren. Abgießen, mit kaltem Wasser abschrecken und im Sieb abtropfen lassen. Das Zitronengras waschen und in 2 cm große Stücke schneiden.

In einem Wok das Erdnussöl erhitzen und die Fleischwürfel von allen Seiten kräftig braten. Mit Würzpaste und Kardamom verrühren und einige Minuten weiterbraten. Das Zitronengras einlegen, die Kokosnussmilch zugießen und alles bei schwacher Hitze etwa 20 Minuten einkochen. Nach der Hälfte der Garzeit die Bohnen untermengen.

Sobald das Fleisch gar ist, alles nochmals abschmecken und servieren.

Obligatorisch ist Reis, aber asiatische Eiernudeln passen auch gut dazu. Möglichst viele verschiedene Sambals bereithalten.

Eiergerichte
Masakan telur

Die Balinesen verwenden eher Enten- als Hühnereier, da auf den Nassreisfeldern mehr Enten leben als Hühner in den Dörfern. Die meisten Eierspeisen bestehen letztlich aus hart gekochten Eiern in würzigen Saucen. Auch Omeletts oder Spiegeleier stehen häufig auf dem Speiseplan.

Marmorierte Eier
Telur berwarna

Hart gekochte Eier sind auf Bali immer bunt gefärbt. Ob nun ein leuchtendes Grün, Rot oder Gelb die Eier durchzieht, meist sehen sie aus, als wären sie marmoriert. Die Eier sind Garnitur und Beigabe zu einem Festmahl.

2 Stunden vorher beginnen

9 Eier
grüne, rote und gelbe Lebensmittelfarbe

Die Eier in einen Topf legen, mit kaltem Wasser bedecken und etwas Salz einstreuen. Aufkochen, dann die Hitze reduzieren und die Eier 5 Minuten kochen.
Währenddessen in je einem Topf grüne, rote und gelbe Lebensmittelfarbe nach Packungsanweisung in Wasser auflösen.
Die Eier aus dem Kochwasser nehmen und mit kaltem Wasser abschrecken. Die Schalen rundherum brechen, aber nicht ablösen. Die Eier in Farbwasser legen und weitere 5 Minuten leise kochen. Die Farbtöpfe vom Herd nehmen und die Eier im Farbwasser zwei Stunden abkühlen lassen.

Eier in Chili-Soja-Sauce
Telur bumbu kecap pedas

8 Eier
1 Fleischtomate
1 Vogelaugenchili (Tabia Kerinyi)
2 kleine Zwiebeln
2 Knoblauchzehen
4 cm Ingwerwurzel
3 EL Erdnussöl
1 TL Shrimp-Paste (Trasi)
1 TL weiße Essigessenz
3 EL helle Sojasauce
1 EL Palmzucker oder brauner Zucker

Die Eier in etwa 10 Minuten hart kochen, mit kaltem Wasser abschrecken, pellen und halbieren. Die Tomate blanchieren, häuten, entkernen und fein würfeln. Die Chili halbieren und entkernen, das weiße Fruchtfleisch entfernen, die Schote sehr fein würfeln. Zwiebeln, Knoblauch und Ingwer schälen und fein würfeln.

In einem Wok das Erdnussöl erhitzen, Knoblauch, Zwiebeln, Ingwer und Chili darin anbraten. Die Shrimp-Paste mitbraten und alles mit 200 ml heißem Wasser aufgießen. Die Sauce etwa 10 Minuten leise kochen, dabei mit ½ TL Salz, Essigessenz, Sojasauce und Palmzucker würzen.

Kurz vor dem Servieren die Eihälften einlegen und nur noch erwärmen.

Schmeckt sehr gut zum balinesischen Frühstück.

Eier in Chili-Kokosnuss-Sauce
Gulai telur

8 Eier
2 kleine Zwiebeln
4 Kerzennüsse
1 Stängel Zitronengras
2 EL Erdnussöl
3 EL rote Currypaste (Seite 61)
200 g Kokosnussmilch

Die Eier in etwa 10 Minuten hart kochen, mit kaltem Wasser abschrecken, pellen und vierteln. Die Zwiebeln fein würfeln. Die Kerzennüsse fein hacken. Das Zitronengras waschen, mit dem Messerrücken zerdrücken und in drei Stücke schneiden.
In einem Wok das Erdnussöl erhitzen, Zwiebeln und Kerzennüsse darin andünsten. Unter ständigem Rühren die Currypaste mitbraten, das Zitronengras einlegen, die Kokosnussmilch zugießen und alles einige Minuten leise kochen. Die Eier einlegen, kurz erhitzen und das Gericht servieren.

Variante
Falls Sie von der Satay-Sauce (Seite 65) noch 100 g übrig haben, diese mit 3 EL heller Sojasauce und 1 TL Tomatenmark heiß und cremig rühren. Gekochte Eier achteln und einlegen, vorsichtig erwärmen und servieren, am besten auf Reis.

Tofu-Omeletts
Dadar tahu

für 2 Personen

200 g Tofu
3 Eier
2 Frühlingszwiebeln
2 Knoblauchzehen
4 EL Erdnussöl

für die Sauce:
2 Fleischtomaten
1 kleine Zwiebel
2 EL Erdnussöl
2 EL süße dunkle Sojasauce
2 EL helle Sojasauce

Für die Sauce die Tomaten blanchieren, häuten, entkernen und klein würfeln. Die Zwiebel fein würfeln. Erdnussöl erhitzen und die Zwiebel andünsten. Die Tomatenwürfel einrühren, mit beiden Sojasaucen würzen und mit 4 EL Wasser kurz aufkochen. Den Topf vom Herd nehmen.
Den Tofu klein hacken, in einer Schüssel mit der Gabel zerdrücken und mit den Eiern verquirlen. Die Frühlingszwiebeln putzen und mit dem Knoblauch klein würfeln. Beides untermischen, mit ¼ TL Salz und 1 TL grob gemahlenem schwarzem Pfeffer würzen.
Das Erdnussöl erhitzen und vier kleine Omeletts portionsweise backen. Dazu eine Portionskelle Teig in das heiße Fett geben, anbacken und die Pfanne so schräg halten, dass sich eine Halbmondform ergibt. Jedes Omelett mit 1 EL Sauce überziehen.

Süße Kleinigkeiten, Kuchen und Desserts
Kudapan

Da die Balinesen begeisterte Häppchen- und »Zwischendurch-Esser« sind und eigentliche Hauptmahlzeiten eher nicht kennen, ist es keine Überraschung, dass sich Kuchen, Reisbällchen, Kekse und andere Desserts bei ihnen zu jeder Tageszeit großer Beliebtheit erfreuen.

Gebratene Bananen
Pisang goreng

Die Bananen schälen und in heißem Erdnussöl von allen Seiten braun braten. Auf Teller verteilen, mit Salz bestreuen und genießen.

4 Fingerbananen oder
2 große Bananen
3 EL Erdnussöl

Gekochte Bananen
Pisang rebus

Mit einem elektrischen Handrührgerät aus Reismehl, 150 ml Wasser und einer kräftigen Prise Salz einen dicken, glatten Teig rühren.
Einen Topf mit Salzwasser zum Kochen bringen.
Die Fingerbananen schälen, in den Teig tauchen und einzeln in das kochende Salzwasser legen. Bei mittlerer Hitze etwa 10 Minuten leise kochen.
Die Bananen mit einem Schaumlöffel aus dem Kochwasser nehmen, kurz abtropfen lassen und in den Kokosnussraspeln wenden. Sofort servieren.

Sie können die in den Teig eingetauchten Bananen auch in heißem Erdnussöl goldbraun und knusprig braten.

100 g Reismehl
8 Fingerbananen
100 g Kokosnussraspel

Gekochte Reisbällchen
Kue kelepon

250 g Klebreismehl
250 g Tapiokamehl
150 g Palmzucker
5 EL Kokosnuss- oder Erdnussöl
100 g Kokosnussraspel

Aus Klebreismehl, Tapiokamehl und ½ TL Salz unter Zugabe von Wasser einen glatten, geschmeidigen Teig kneten. Einen Topf mit Wasser zum Kochen bringen.
Aus dem Teig Bällchen formen, die in der Mitte mit etwas Palmzucker gefüllt werden. Die Bällchen in das kochende Wasser geben, aufkochen, die Hitze reduzieren und die Reisbällchen in etwa 10 Minuten garen.
In einer Pfanne das Öl erhitzen und die Kokosnussraspel unter Schwenken rösten. Die Reisbällchen mit einem Schaumlöffel aus dem Kochwasser nehmen und tropfnass in den Kokosnussraspeln wenden. Sofort servieren.

Reisbällchen in Zuckersauce
Onde-onde (balinesisch: Jaja batun bedil)

Das balinesische Essen mit der größten Variantenvielfalt sind die Reisbällchen. Neben denjenigen, die für den Alltag bestimmt sind, gibt es andere, die religiösen Opferzeremonien dienen und erst später gegessen werden. Diese sind meist mit Lebensmittelfarben bunt gefärbt und aufwendig gestaltet.

250 g Klebreismehl
250 g Tapiokamehl

für die Sauce:
500 ml Kokosnussmilch
250 g Palmzucker
1 Pandanusblatt
Kokosnussraspel

Aus Klebreismehl, Tapiokamehl und ½ TL Salz unter Zugabe von Wasser einen glatten, geschmeidigen Teig kneten. Einen Topf mit Wasser zum Kochen bringen.
Für die Sauce die Kokosnussmilch, 500 ml Wasser und den Palmzucker unter Rühren kochen. Das Pandanusblatt einlegen und ½ TL Salz einrühren. Sobald die Sauce gut vermischt und sämig gekocht ist – in 5 bis 8 Minuten –, die Reisbällchen aus dem Kochwasser heben und in die Zuckersauce geben. Einige Minute leise kochen, den Topf zur Seite stellen und etwas abkühlen lassen.
Mit gebräunten Kokosnussraspeln bestreuen und servieren.

Reiskuchen
Wajik

mehrere Stunden vorher beginnen

250 g weißer Klebreis
500 g Palmzucker
100 g reife Jackfrucht (frisch oder aus der Dose)
½ Vanilleschote (Mark)

Den Klebreis unter fließend kaltem Wasser gründlich waschen und in klarem Wasser etwa drei Stunden einweichen. Anschließend mit 250 ml Wasser vermischen und in einem Reiskocher oder einem Topf in etwa 20 Minuten garen.

Währenddessen den Palmzucker mit 150 ml Wasser aufkochen. Die Hitze reduzieren und unter mehrmaligem Rühren 10 Minuten einkochen. Den Topf vom Herd nehmen.

Die Jackfrucht klein würfeln. Mit dem gegarten Reis, einer Prise Salz, Vanillemark und Palmzuckersirup vermischen und in eine Auflaufform füllen. Die Oberfläche glatt streichen, mit Folie abdecken und im Kühlschrank einige Stunden ruhen lassen.

Zum Servieren den Reiskuchen in kleine Rechtecke schneiden.

Würzige Reis-Erdnuss-Plätzchen
Rempeyek kacang

Diese Rempeyek sind in allen asiatischen Ländern beliebt.

150 g ungesalzene Erdnüsse
1 Schalotte
1 Knoblauchzehe
150 g Reismehl
½ TL gemahlener Kurkuma
½ TL gemahlener Kreuzkümmel
¼ TL gemahlener Koriander
¼ TL gemahlener Kleiner Galgant (Kencur)
½ TL Salz
Kokosnussmilch
½ l Kokosnussöl zum Frittieren

Die Erdnüsse in ein Tuch wickeln und mit dem Fleischklopfer grob zerhacken. In einer heißen Pfanne ohne Fett unter Schwenken rösten, bis sie duften. Herausnehmen und auf einen Teller geben.
Schalotte und Knoblauch durch eine Knoblauchpresse drücken. Mit den übrigen Zutaten zu einem dickflüssigen Teig rühren. Die Erdnüsse untermischen.
In einem Wok oder einer Pfanne mit hohem Rand das Kokosnussfett auf 180° C erhitzen. Jeweils 1 EL Teig in das heiße Fett fließen lassen. Sobald die Unterseite knusprig angebacken ist, wenden. Die fertigen Plätzchen zum Lüften auf ein Kuchengitter legen.

Auf Bali können Sie geröstete Erdnüsse kaufen, die mit Knoblauch und Chili geröstet wurden. Sie sind ideal für dieses Rezept.

Die Plätzchen sollten möglichst innerhalb der nächsten Stunden gegessen werden. Bleiben sie zu lange liegen, werden sie hart. Oder Sie packen die abgekühlten Plätzchen mit Butterbrotpapier und einer Scheibe Apfel in eine dunkle Dose. Luftdicht verschlossen, bleiben sie so einige Wochen haltbar.

Schwarzer Reispudding
Puding ketan hitam

250 g Palmzucker
1 Pandanusblatt
250 g schwarzer Klebreis
250 ml Kokosnussmilch (aus der Dose)

Den Palmzucker mit 150 ml Wasser aufkochen, das Pandanusblatt einlegen. Die Hitze reduzieren und unter mehrmaligem Rühren 5 bis 8 Minuten leise kochen. Den Topf vom Herd nehmen und den Sirup auf Zimmertemperatur abkühlen lassen.
Den Klebreis unter fließend kaltem Wasser waschen, bis das Wasser klar bleibt. Mit 750 ml Wasser und einer Prise Salz zum Kochen bringen und in knapp 40 Minuten garen.
Sobald der Reis fertig und das Wasser aufgesogen ist, den Palmzuckersirup unterrühren. Die Reismischung in Portionsschalen oder eine große Servierschale füllen und auf Zimmertemperatur abkühlen lassen. Jeder kann sich auf seine Portion Reispudding so viel Kokosnussmilch gießen, wie er möchte.

Schmeckt auch gut gekühlt sehr lecker.

Süße Kartoffelbällchen

Onde-onde ubi jalar

Diese Köstlichkeit ist nicht unbedingt spezifisch balinesisch, sondern in ganz Indonesien bekannt.

500 g Süßkartoffeln
1 EL Palmzucker
2 EL Reismehl oder Tapiokamehl
1 l Kokosnussöl
100 g Kokosnussraspel zum Garnieren

Die Süßkartoffeln schälen und in Salzwasser garen. Das Wasser abgießen, die Kartoffeln kurz ausdampfen lassen und zu einem glatten Püree verarbeiten. Mit Palmzucker und Reismehl vermischen und zu einem Teig kneten.
Aus dem Teig Bällchen formen und portionsweise in heißem Kokosnussöl bei 180° C schwimmend goldbraun frittieren. Die Kartoffelbällchen mit einem Schaumlöffel aus dem Fett nehmen und mit Kokosnussraspeln bestreut servieren.

Gerollte Pfannkuchen mit Kokosnuss
Dadar gulung kelapa

100 g Reismehl
50 g Zucker
2 Eier
250 ml Milch
4 EL Kokosnussöl

für die Füllung:
200 g Palmzucker
200 g Kokosnussraspel

Aus Reismehl, Zucker, Eiern, Milch und einer Prise Salz einen glatten Teig rühren.
In einer kleinen Pfanne Kokosnussöl erhitzen und portionsweise kleine, dünne Pfannkuchen herstellen. Auf einer Arbeitsfläche einzeln auslegen.
Für die Füllung den Palmzucker mit 100 ml Wasser aufkochen und bei mittlerer Hitze einige Minuten leise kochen. Die Kokosnussraspel mit einem Schwung untermischen, sodass eine cremige Füllung entsteht.
Je 1 EL Füllung auf die Pfannkuchen geben, die Seitenränder einschlagen und aufrollen.

Varianten
Für den Pfannkuchenteig lässt sich statt der Milch auch Kokosnussmilch verwenden. Die Füllung können Sie mit klein gewürfeltem Jackfruchtfleisch und Vanillemark variieren.

Diese Pfannkuchen sind leicht vorzubereiten, sodass Sie sie auch einfrieren und einige Tage im Kühlschrank aufbewahren oder Füllung und Teig bereits einen Tag vorher herstellen können.

Rezeptregister

Stichwortregister

Die *kursiven* Seitenangaben verweisen auf Texte, die den Begriff erläutern, die übrigen auf Rezepte, in denen diese Zutat eine wichtige Rolle spielt.